英語世界の
表現スタイル
〜「捉え方」の視点から

吉村公宏 著

青灯社

英語世界の表現スタイル

～「捉え方」の視点から

姉、裕子へ。快癒の願いを込めて

はしがき

　本書の目的は、英語の語り方・書き方のクセをとりだして、日本語のそれとの違いを説明し、実践に応用する道筋を示すことにあります。語り方・書き方について、私は、言語にはオス言語とメス言語があるのでは、と思っています。あまりいい喩えではないかも知れませんが、ズバッと単刀直入に進むオス言語、周囲に気を配りながら最後に判断を示すメス言語。また、客観的な分析を重視するオス言語に対して、メス言語は自分の思いを託すように語ります。英語がオス言語であるのに対して、日本語はメス言語ではないかという思いを持つに至りました。

　たとえば、『風と共に去りぬ』の一場面で、主人公が大きなショックを受けたとき、英語では I had a blow（ショックだ）と表現されているところを、ある日本語訳では「ガーン！」という一語で訳出されています。日本語は叫び声、英語は他人ごとみたいな表現です。ショックの度合いは同じなのに、どうしてこれほど温度差のある表現になるのか、不思議な気持ちになったことを覚えています。

　オス・メス、どちらの言語が優れているとか、間違っているとかが問題ではありません。どちらも、言葉としての

傾向であり、日英語のいずれも、大なり小なり、この両側面をもっています。ただ本書のテーマである「好まれる」語り方・書き方という視点で言えば、英語はオス的に語る方を好み、日本語はメス的に語る方を好む言語ではないか、ということです。本書では、「捉え方」の観点から「一直線型」「うず潮型」と呼びましたが、英語の好む一直線とはどういう語り方なのか、うず潮のように語るとはどういう意味をもつのか、このことを認知言語学の研究をもとに明らかにしたのが本書の内容です。

　言語学では音声・文法や意味の研究はかなり進んでいますが、語り方や書き方の特徴は習慣や伝統として片づけられることが多く、研究論文や学術書もそう多くはありません。今後、異文化コミュニケーション論、あるいは文化心理学・認知語用論などの分野と連携して、おおいに発展する領域になろうと考えています。

　本書の出版に際しては、データ提供と校閲にかかわって、ロバート・パーキンス氏、奈良教育大学の学部学生・院生諸君にお世話になりました。また、「文法からみる英語らしさ」（平賀正子先生・英語学概論）と題するサイト情報から有益な示唆をいただいています。感謝申し上げます。最後になりましたが、青灯社の辻一三氏、弦巻ゆかり氏に厚く御礼申し上げたく思います。

〔目次〕

はしがき　3

はじめに——9
1　好まれる表現・嫌われる表現　9
2　捉え方　12
（a）認知言語学　12
（b）日英比較　13
3　グローバル化した英語　17
4　本書のねらい　19

I　文化圏が好む書き方——21
1　カプランの書き方地図　21
2　アラブ人の英語　23
3　東洋人の英語　25
4　鳥飼玖美子氏の提言　28

II　英語的書き方——33
1　書き方ガイドライン　33
2　日本語的書き方　36
3　英語的書き方　40
4　日英の文章スタイルを比較する　44
5　英語の言語特徴と書き方ガイドライン　51

（a）ガイドライン（1）　52
　　〈遂行動詞〉　52
　　〈冠詞〉　54
　（b）ガイドライン（2）　58
　　〈人称・時制・数〉　58
　　〈情報配列の違い〉　65
　（c）ガイドライン（3）　73
　　〈英語の語順〉　73
　　〈コトからモノへ〉　76
　　〈主語優勢言語〉　79
　　〈一直線の意味〉　83

III　実践例の研究── 91

　1　パラグラフ　91
　（a）音楽について　91
　（b）〈わがこと〉〈ひとごと〉　102
　（c）着るものと振る舞い　104
　（d）捉え方と「フレーム」　111
　2　エッセイ　118
　（a）鳩山論文の英語　118
　（b）構成の分析　122
　（c）NY版の英語　124
　（d）主題文と人称　127

（e）アブストラクトの重要性　　128

Ⅳ　発展的な書き方 —— 129
　1　メタファー英語　　129
　　　（a）a cup of happiness（ワンカップ大関）　　130
　　　（b）英語俳句　　132
　2　メタファーを取り込む　　133
　　　（a）捉え方と「好まれる」メタファー　　133
　　　（b）英語が好むメタファー　　135
　　　（c）学生エッセイ　　138

まとめにかえて —— 143
付録　　148
参考文献　　152

装幀　　眞島和馬

はじめに

1　好まれる表現・嫌われる表現

　英語には、日本人が**好む表現・嫌う表現**があるようです。大学生に英文を書いてもらいますと、好んで用いる特定の表現があることに気づきます。たとえば、I think, for example, belong to, tend to, depend on, consider, as for ～ , in terms of, If we do so などです。反対にあまり見かけない表現は otherwise, less than, available, be likely to, at length, virtually などです。この現象は接続詞にも見られ、and, but, so, if は好まれますが、because, since, for, whether などは避けられる傾向にあります。また、to- 不定詞は名詞用法と副詞用法については抵抗がないものの、形容詞用法（something to eat）の類は難しいようです。不変化詞（動詞の後に付加する前置詞・副詞）はめったにお目にかかれないものの一つです。たとえば speak *on*（話し続ける）、speak *out*（遠慮なく話す）、speak *against*（批判する）の on, out, against などです。構文にも好き嫌いがあります。there is 構文、so ～ that…構文、使役構

文（John made Mary cook）は好まれますが、分詞構文（Feeling tired, I went to bed early）、結果構文（I kicked the ball high）、倒置構文（Down came a bus）は苦手なようです。五文型にも好みがあり、好まれる文型は補語（C）が名詞のSVC（I am a student, He became a teacher）で、同じSVCでも補語が形容詞（John came back alive）の表現は見かけません。またSVOC（They pushed the door open）型も頻度が少ないようです。

好き嫌いはこうした具体的な語句や文型に限りません。**パラグラフ（段落）やエッセイ（小論文）**の書き方にも好き嫌い、得手・不得手があります。たとえば、学生の多くは主張や結論を最初に書くのを嫌がります。言いたいことを最後に残しておくのです。反対に好きな書き方は、趣味や体験談を書いた後、最後に結論を書くスタイルです。たとえば、次のサンプル（1）「自己紹介」がその典型です。

サンプル（1）

My name is Kenta Fujiwara. I belong to the music club, and I play the piano every day. I consider playing the piano very important to become a music teacher. I study not only music but also every subject, and talk many things with my friends. I like watching movies, too. So, I am spending campus life happily.

私の名前は藤原健太です。私は音楽クラブに所属し、毎日ピア

ノを弾いています。音楽教師になるためにはピアノを弾くことはたいへん大切だと思います。音楽だけではなくすべての科目を勉強し、友達と多くのことを話します。また、映画を見るのも好きです。そういうことで、学生生活を楽しく過ごしています。

　サンプル（1）では名前や所属クラブ、趣味などを語った後、最後に結論（"学生生活を楽しく過ごしています"）が現れます。この書き方は、私たち日本人には親しみやすい書き方で、英語を使っている世界中の人々にも分かりやすいのではと思ってしまいます。

　サンプル（1）には大きな文法的誤りはありません。しかし、明らかに日本人の英語だと分かりますし、文章構成も英語圏のものではありません。冒頭で述べましたように、言葉遣いの特徴は個々人の問題というよりは日本人の使う英語全体の傾向と見ることができます（サンプル（1）の改善例は p.85 で扱います）。

　このような、単語や句の使い方、構文や文型の選択、パラグラフやエッセイのスタイルについては、「好みの問題だから、何の問題もないではないか」「日本式の書き方でも、文法的であればそれでよいのではないか」などと言われることがあります。一見、反論の余地のない意見のように思えます。しかしながら、こうした表現の選択や言い回しの「好み」、語り方のスタイルの問題は、そう簡単に放

置してよいわけではありません。それは、次に述べる二つの重要な問題が関わっているからです。

2　捉え方

(a) **認知言語学**

　一つ目は、専門的な観点からのものです。私は認知言語学（cognitive linguistics）を専門にしていますが、認知言語学には「**捉え方（construal）**」と呼ばれる重要な考え方があります。簡単に言えば、同じ一つの物や出来事でもいくつかの違った表現が可能だということです。たとえば、一本の坂道があったとします。それは下から見上げれば「上り坂」、上から見下ろせば「下り坂」と表現できます。乗り物としてのバスは1台ですが、運行のときは2時間に1本、長距離バスなら1日に3便と数えます。数え方は捉え方を表わします。また、ビンに残ったワインが半分になったとき、「もう半分しかない」「まだ半分もある」と表わせますが、どちらを選ぶかは話し手の気持ち次第です。「花子は太郎を手伝った」という表現は花子を中心にした表現ですが、太郎の側から描けば「太郎は花子に手伝ってもらった」と表現できます。前者は中立的な描写で、後者は太郎が花子から恩恵を受けたことを表わしています。

どういった視点や立場から「捉える」かで、一つの事態がまったく異なるいくつもの表現によって表わされます。世界中の言語には、コミュニケーション上、その言語が好んで選ぶ視点や立場、描き方というものがあり、そうした点に配慮して外国語を使わないと、せっかくのアイデアや論証が台無しになることが多々あります。反対に、その言語が好む捉え方を理解しておくと、表現が正確なイメージを呼び起こし、読み手の理解が深まり、さらにアピール度が格段に上昇します。こうしたことは、通例、学校文法では教えられていません。

(b) 日英比較

捉え方は言葉のさまざまな現象として現れます。単語のレベルでは**語彙化**と呼ばれ、何を一語で表わすかという現象が挙げられます。たとえば、英語の hot には「熱い」と「辛い」の二つの意味がありますが、日本語はこの二つを「熱い」「辛い」という二つの別の単語に語彙化しています。辛い食べ物は舌に熱く感じられるからですが、日本語は単に「熱い」という一語で済まさず、ある味覚の範囲に達すれば「辛い」と表現します。また英語の wear（身に付ける）は着物だけではなく靴、時計、帽子やメガネまでその対象（つまり目的語）になりますが、日本語では靴

は「履く」、時計は「はめる」、帽子は「かぶる」、メガネは「掛ける」とさまざまに語彙化しています。

　反対の現象もあります。日本語で「歩く」一語で表わす動きを、英語は stagger（ふらふら歩く）trudge（とぼとぼ歩く）tiptoe（つま先でこっそり）toddle（よちよち歩く）march（堂々と歩く）pace（一定の歩調で歩く）limp（足を引きずりながら歩く）sidle（横にそっと歩く）など、細かく語彙化します。日本語圏は何かを身につける動作、英語圏は身体の移動にたいへん関心があるようです。

　日英語の語彙化の違いが教えてくれることは、同じように見える一つの物や出来事でも、何に関心を置いて見るか、どこまで細かく見るか、どの立場から見るかなどにしたがって、日本人と英語圏の人たちでは違った捉え方をするということです。もちろん詳しく説明すれば、対応する一語の単語が無くても分かってもらえそうですが、あえて一語で捉えるところにその言語とその文化の特性が生きています。

　文法のレベルでも捉え方にはかなり顕著な違いが見られます。たとえば、日本語は「〜は」で始まる文が多く、**話題優勢言語**と呼ばれています。「ウナギ文」と呼ばれる「僕は、ウナギだ」が有名ですが、この文は食堂でウナギのかば焼きなどを注文するような場合に使われます。状況次第で「今晩は、ウナギだ」「浜名湖は、ウナギだ」「どん

ぶりは、ウナギだ」も言えます。「〜は」の〜に現れる言葉の範囲が広いのは、日本語の「〜は」が主語（subject）ではなく話題（topic）、つまり「〜については」「〜に関しては」を表わす標識だからです。同じことを英語で表わすには、主語を明らかにして I will have broiled eel over rice（僕は、ウナギだ）、We are having broiled eel tonight（今晩は、ウナギだ）、Lake Hamana is famous for eel（浜名湖は、ウナギだ）、Cooked eel is the most popular topping among a variety of bowl-served dishes with rice（どんぶりは、ウナギだ）などと表わされますが、いずれも主語が違っています。このように、日本語（話題優勢言語）と英語（**主語優勢言語**）では捉え方が違ってきます。日本人の書く英語の文頭には as for 〜（〜に関しては）、concerning 〜（〜については）や in the case of 〜（〜の場合は）が頻繁に出てきますが、これは日本語が「話題」を中心に事態を捉える言語だからです。

　同様に、日本語では「〜がある／〜がない」といった存在表現が好まれるので、「この部屋には窓が2つある」という文であれば、There are two windows in this room のような there is 構文が好んで用いられます。同じ内容でも英語の捉え方である無生物主語文 This room has two windows のようには表現しにくいのです。日本語の捉え方にしたがって特定の英語表現が好まれるということにな

ります。

　同じことは、「語り」のスタイルにも現れます。日本語ではサンプル（1）のように、テーマに関係することを並列的に列挙し、結論を最後に書くスタイルが好まれます。これは日本語の**基本語順**がSOVであることと関係しそうです（三浦 2006）。文では動詞（あるいは形容詞）が結論、つまり話し手の最終判断を表わす品詞ですが、日本語はそれが文の最後に現れる言語であるため、語りのスタイルでも肝心なことは最後に述べようとします。しかも日本語には肝心な最後のところを言わずに済ます「**言いさし**」表現が実際の会話では多く見られます。たとえば、「お釣りはいい<u>から</u>…」「そこは予約席です<u>ので</u>…」「今日は<u>ちょっと</u>…」のような文です。「…」の部分は順に「取っておいてください」「ご遠慮願います」「都合が悪いです」のような表現ですが、英語と違って言語化されないことが多いようです。「から」「ので」「ちょっと」のような何げない言葉が、まるで聞き手の察しを要求する暗号のような働きをしていて、全体としては不完全な文ですが、それなりの含意を伝えています。言いさし表現は「日本人の書く英語エッセイでは結論が明示されず、含意のかたちで終わることが多い」という事実と無関係ではないと思います。

　捉え方は言語のさまざまな現象として現れますが、それは日本人好みの英語表現を生む源泉となっています。単語

の選択から構文の好き嫌い、段落（パラグラフ）やエッセイ全体の構成まで、濃淡の違いこそあれ、日本語的な捉え方が顔をのぞかせます。簡単に言えば、日本語の捉え方で書いた英語はとても日本語的な英語になるということです。

　もしこの段階にとどまっていれば、英語的な捉え方を意図的に学ぼうという意識が芽生えませんし、かりに知っていたとしても無意識に避けることも多くあるようです。たとえば、日本語には分詞構文や冠詞、無生物主語文のような英語的捉え方がありません。もちろん、こうした項目は中学・高校で学習するわけですが、「捉え方」の違いから指導されていないので、プロダクション、いわゆる話す・書く英語として定着することが難しくなっており、そのため冒頭で述べたような傾向が生じてくるわけです。

　語彙や文法、文章構成はその言語による「捉え方」を運んでいます。「捉え方」は認知言語学の専門用語ですが、日本語式英語における言い回しの「好み」や表現のバイアスを生み出す源泉であり、このことを理解してから次に述べる現実面の問題を考えてみることが必要だと思います。

3　グローバル化した英語

　二つ目の論点は現実的なものです。**Englishes** と英語が

複数形で呼ばれているように、今や、世界の諸言語が基層になった多様な英語群が存在しています。アメリカ人好みの日本語、中国人好みの日本語があるように、日本人好みの英語表現や語りのスタイルがあってもまったく不思議ではありません。現実には、大なり小なり母語の干渉を受けたさまざまな英語的言語が国際交流語となっているようです。そうすると、世界の現場で日本語式英語を使ってもかまわない、どんな英語も英語は英語だ、という考え方が生じてきます。これは筋道の通った一つの考え方だと思います。

　ところが、問題は、そうした日本語式英語が、現実の世界で効果的に機能しているかという点です。残念なことに、かなり以前から、英語圏の人たちにとって、日本人の英語が世界一読みにくい、不明瞭で理解しにくいと言われ続けています（たとえば、野崎 1988）。義務教育の一科目として英語を学習しながら、現実的な効果が不十分だというのは残念なことです。

　世界は英語という言語の使用においてグローバル化しています。今や、英語圏を越えてアジアのコミュニケーション言語ともなりつつあります。そうした現状の中で、非英語圏でも英語教育、英語学習に力を入れる国が増えつつありますが、成果の面から日本はその最下位にランクされる国となっています。本書はそうしたことの政策的是非を論

じるものではありませんが、現実面から言えば、母語である日本語を大切にしながら、一方でネイティブ英語そのものではないものの、日本語式英語が地球規模で通用する英語になることに異論のある人は少ないのでは、と思います。

こうした現状を改善するために、英語圏の人たちにとって、また地球規模で英語を使う人たちにとって、読みやすい、明瞭で理解しやすい英語とはいったいどのような英語なのかを考えてみる必要があります。

4　本書のねらい

日本人好みの英語表現をめぐって二つの論点から述べました。一つは専門的な見地から、日本語と英語はそれぞれ違った「捉え方」をする言語であること。もう一つは、日本人好みの英語は英語世界では通用しにくいという現実です。

そこで、本書のねらいですが、今述べた二つの観点から現実面の改善を目指そうという点にあります。つまり、**グローバル化した表現手段としての英語を、日英の「捉え方」の違いから学習すべきだ**というアプローチです。

本書は、言語は捉え方を映し出す記号体系と捉え、捉え方は単語・文法・構文・文章構成の中に隠れていると考え

ます。そして、単語や文法に見出される捉え方（「**文法の中**」の捉え方）は、エッセイなどの文章構成（「**文法を超えた**」捉え方）にも反映されていると仮定します。語順や言い差し表現、話題優勢言語などといった特徴はミクロ的には文法の問題ですが、それらはパラグラフやエッセイ構成、効果的な書き方といったマクロ的なレトリックの問題と連動していると考えます。言語単位が違っても同じ原理が働くという「**捉え方の相同性（homology of construal）**」を提唱するわけですが、本書ではこうした理論的分析には主眼を置かず、これから述べる前半部の相同性の説明を基礎に、後半部で英語パラグラフ、一般的なオピニオン・エッセイの実践的な書き方に力点を置きます。

　英語的な捉え方をしっかり理解することが、グローバル化した英語を手に入れる堅実な近道であることを示したく思います。日本人の英語が国際社会でよりいっそう理解され、評価されるようになるためのヒントを皆さんとともに考えてみたいと思います。

I 文化圏が好む書き方

1 カプランの書き方地図

　英語がグローバル化すると言っても、世界中の人々が英語ネイティブのように語り、書くというわけではありません。それぞれの母語を基層にした独特の英語を用いています。

　いくぶん昔のことになりますが、カプラン（Kaplan）というアメリカ人の研究者は、エッセイ（小論文）・ライティングを題材に世界の文化圏における文章構成のクセを以下の図のように表わしました。絶対と言うわけではありませんが、各文化圏が好む文章の書き方です。（→は議論の流れを表わします）

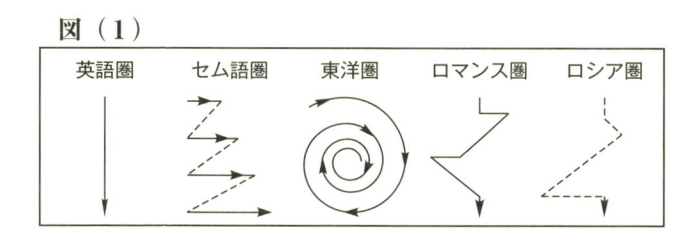

図（1）

| 英語圏 | セム語圏 | 東洋圏 | ロマンス圏 | ロシア圏 |

セム語圏とはアラビア語やヘブライ語の文化圏で、西南アジアや北アフリカの地域を指します。ロマンス圏はイタリア語、フランス語、スペイン語などの言葉の地域です。図から分かることは、英語圏の人たちはまっすぐ一直線に書き、セム語圏では行っては戻り、戻っては行く、筋道のはっきりしない破線をはさみながらジグザグに進む書き方です。ロマンス圏では脇道にそれる書き方が許されそうです。ロシア圏はロマンス圏と似ていますが、最終地点までの筋道がはっきりしません。

　このカプランの「書き方地図」が示しているのは、同じ内容でも文化ごとに**好まれる**書き方があるということです。「好まれる」書き方は、その文化圏における自然な思考法を映し出しています。つまり、そのように書くと読み手が理解しやすい、説得しやすい思考の表出法のことです。「好まれる」書き方の反対は「嫌われる」書き方です。「嫌われる」書き方は、その文化圏における不自然な思考の進め方を映し出します。「嫌われる」書き方で書くと読み手が混乱し、誤解されかねない書き方になります。「書き方地図」から読みとれることは、世界の多くの文化圏では寄り道したり、飛躍したり、繰り返したりが好きだということで、むしろ一直線の英語圏の方が例外です。

　たとえば、日本人にとって分かりやすい、説得されやすい文章の書き方は英語圏の人たちにとっては分かりづら

く、説得力を持ちません。反対に、英語圏で好まれる書き方は、日本人やエジプト人には通用しない、少なくとも説得力のない書き方になります。

2　アラブ人の英語

書き方地図の具体例を紹介します。次のパラグラフはアラブ人（セム語圏）の書いたエッセイの1節です。図（1）に示されたように、*and, but* や *so* のような等位接続詞を用いて文を重ねながら、ジグザグに主張の核心へと近づきます。

サンプル（2）

At that time of the year, I was not studying enough to pass my courses in school. ***And*** all the time I was asking my cousin to let me ride the bicycle, ***but*** he wouldn't let me. ***But*** after two weeks, noticing that I was so much interested in the bicycle, he promised me that if I pass my courses in school for that year he would give it to me as a present. ***So*** I began to study hard. ***And*** I studying eight hours a day instead of two.

（Kaplan 1966: 9, 太字斜体は吉村）

当時、学校での試験にパスするほど一生懸命勉強していませんでした。**そして**、いつも従兄に自転車に乗らせてくれと頼んでい

ましたが、させてはもらえませんでした。**しかし**、2週間後、自転車にたいへん興味を示す私を見て、その年の試験にパスしたら、自転車をプレゼントすると従兄は約束したのです。**それで**、一生懸命に勉強を始めました。**そして**2時間の勉強時間が8時間になりました。）
　　　　　　　　　　　　　　　　　　　　　　（試訳、吉村）

　サンプル（2）において、カプラン自身は、アラブ人の好む**等位接続**（太字部）に注目していますが、私はむしろ、この後に続くパラグラフとのつながりに注目したいと思います（紙面の都合上、省略しています）。その概要は次の通りです。

　「一生懸命勉強する私を見て、従兄は私が試験にパスすることを確信したようです。従兄は自転車の乗り方を教えてくれるようになりました。4～5週間の教習、そして10～12回バランスを崩してケガをしましたが、ようやく乗り方を身につけました。そして試験にもパスしました。従兄は約束を守って、自転車をくれました。いまでは自転車を見るたびに、試験合格に一役買ったことが心をよぎります。」

　英語圏の書き方とは違いますが、日本人のそれとも違っています。たとえば、試訳の冒頭の二文ですが、話のつながりが切れています。「勉強をさぼっていたこと」と「自転車に乗らせてもらえなかったこと」とのつながりが分か

りません。こうした「ブチ切り方」が東洋的な曲線型ではなく、ジグザグ的なのでしょう。

　一方、英語圏とは異なるが、日本人とは共通する点があります。話の核心である主題文が最後に明かされるという点です。**主題文**（topic sentence）とは**英文パラグラフ**の中の最も大事な一文のことです（同じ topic という用語を用いますが、日本語の話題(topic)は「〜は」の前に来る名詞のことで、この場合は「話題」と訳して区別しておきます）。そうすると、このエッセイの主題文は、最後の「自転車を見るたびに、試験合格に一役買ったことが心をよぎる（原文…, and every time I see it, it reminds me how it helped to pass my courses for that year)」です。アラブ人も日本人も主題文を最後にもってくる点が共通しています。後述しますが、英語圏の書き方では、この主題文はパラグラフの冒頭に書きます。

3　東洋人の英語

　さて、カプランの書き方地図で示された東洋圏はどうでしょうか。原著論文では韓国人留学生のエッセイを取り上げています。以下に示すパラグラフがそれです（文法ミスはそのままで、各文には便宜的に番号を付しています）。

サンプル（3）

Definition of college education

① College is an institution of an higher learning that gives degrees.
② All of us needed culture and education in life, if no education to us, we should to go living hell.
③ One of the greatest causes that while other animals have remained as they first man along has made such rapid progress is has learned about civilization.
④ The improvement of the highest civilization is in order to education up-to-date.
⑤ So college education is very important thing which we don't need mention about it.

大学教育の定義

① 大学は学位を授与する高度な学習機関です。
② 私達はみな人生において文化と教育を必要とし、もし教育がなければ、生活はひどいものになるでしょう。
③ 動物が当初のままであるのに対して、人間が素晴らしく発達した最大の原因の1つは人間が文明について学習をしたからです。
④ もっとも高度な文明へと発展するためには教育を最新のものにすることです。
⑤ ですから大学教育はあらためて言うまでもなく大変重要なものです。

（試訳、吉村）

文法エラーや品詞の誤用はひとまず措き、カプランは次のようなコメントを記しています。① は大学教育ではなく大学を定義している。② は文化と教育の関係を論じ、主題と違った方向に話が逸れている。③ は話が動物と比較した人類一般の特性に広がり、主題からいっそうかけ離れている。最後の ⑤ は全体の主題文の一部であり、本来、出発すべき地点に舞い戻っている。

　サンプル（3）は、重要な主題文を最後に配置し、関連した内容がそれを囲むように語られ、うず潮型になっています。カプランは１韓国人のエッセイを東洋人（中国、韓国）の英語の事例として取り上げましたので、過度の一般化をしている印象は否定できません。しかしながら、サンプル（3）は現実に英語圏の人たちにとって理解しにくいエッセイであり、その原因を突きとめる上でのサンプルとしてそれなりの意義はあると思います。たしかに、話の展開が飛躍して主題文の周りをグルグル巡りますが、文法面にこだわらなければ、私たちにはそれほど読みにくいパラグラフとは感じられません。ところが、英語圏では受け入れがたい書き方ということです。

4　鳥飼玖美子氏の提言

　では日本人の書く英語は、地球規模で通用しやすい英語のスタイルとどれほど離れているのでしょうか。ここでは鳥飼玖美子氏（英語コミュニケーション論）の論評をもとにこの問題を深めておきたいと思います。

　現在は、地球規模の共生社会を目指す時代に入っています。母語が異なり、価値観の異なる者同士が、できるだけ誤解の少ない、しかも効果的なコミュニケーション・スタイルを創造しようとしています。その中で、英語発想のコミュニケーション・スタイルが優勢な状況にあることは誰の目にも明らかです。英語の国際語化にともなって浸透するのは、発音や単語、イディオムや構文などのミクロレベルの運用力だけではなく、英語式の捉え方によるパラグラフ（段落）構成やエッセイの組み立て方といったマクロレベルにまで及んできています。つまり、考え方や思考の表現手段として、英語らしい組み立て方をした方が国際社会に訴える力が増すということです。

　たとえば、アメリカと政治的・軍事的に敵対する中東の兵士が英語で自らの信条を世界に訴えかける姿がテレビ放映されています。ペルシャ語が運ぶ思考法をひとまず措いて、英語で自らの信条を訴えようとしています。理由は、

英語という言語が運ぶ思考法に歩み寄らなければ、地球市民が耳を貸さない現実が存在するからです。こうした現実が意味していることは**コミュニケーション・スタイルがグローバル化**しつつあるということです。意思疎通の手段に英語を使うということは、結局、大なり小なり、英語化された「語り方」「思考の運び方」に習熟することが要請されるということです。

　学術的に言えば、グローバル化の進展が英語という言語でなされなければならない必然性は見出せません。そうした点では、今のところ、英語は地球規模における意思疎通手段の一つに過ぎないことも指摘しておきたいと思います。英語の国際語化に伴い現在進行中の事態は、英語圏的思考法に近似した新しいコミュニケーション・スタイルであり、それは完全に英語的発想とは言えないまでも、総じて**思考表出の英語クレオール化**と言ってもよいと思います。

　このように地球規模言語として、現時点において優勢な英語ですが、それは日本語のコミュニケーション・スタイルとは際立った違いを持っています。鳥飼玖美子氏は 2009 年、読売新聞紙上で次のように述べておられます。鳩山前首相の「私の政治哲学」のホームページ版（逐語英訳）とニューヨーク・タイムズ（NY）紙の要約英語版を比較しての論評記事です（Ⅲ章で詳しく扱います）。

「日本語の原文を読むと違和感はないが、英語版で読むと焦点がつかみにくく冗長だ。…要約版は、不要と判断した部分を大胆に削り<u>重要な論点を前に出した</u>ことで、英語として<u>自然な論理構成</u>となり、読んで分かりやすく、はるかにインパクトの強い論文になっている。…世界に語りかける時は、英語的な構成の方が得策だ。国内向けの論文をそのまま訳しても理解されにくい。…国際共通語として英語を使う多くの人々の間で、<u>英語的な論理構成法</u>が広まっている。…日本式の文章構成法には日本文化が内包されており、大切な伝統だが、時には日本的発想から抜け出すことも必要だ。」
　　　　　　　　　　　　　　　　　　　　　　（下線、吉村）

　鳥飼氏の主張は、英語で世界に語りかける時は「英語として自然な論理構成」を心がけるのが得策だ、ということです。日本人を説得するときに用いる文章構成と、英語で世界に語りかける時の書き方とは本質的に異なっており、使い分けが必要だということになります。現時点では、私はこの考え方に賛成です。カプランの書き方地図で示されたように、日本人の書き方は論理展開がうず潮のように中心点に降りて行きますが、英語圏では一直線です。この一直線方式が国際化しつつあり、英語圏以外の英語学習者にも広まりつつあります。言い換えれば、曲線、ジグザグ、破線が一直線に近づきつつあるということで、英語発想に近い書き方がコミュニケーション・スタイルとして**標準化**

しつつあるということです。

Ⅱ　英語的書き方

1　書き方ガイドライン

　では、英語的な書き方、一直線方式とはどのようなことなのでしょうか。一直線の中身はどのようになっているのでしょうか。これまで、すでにさまざまな英文ライティングのテキストや学習書がありますし、そこでは主に実用的な観点から有効なアドバイスがなされています。そうした実用的な有効性はそれなりに意味あることではありますが、英語や日本語の言語特徴に基づいた表出の技法についての言及は皆無か、非常にまれなようです。そこで、本書は認知言語学の研究成果を基にした書き方ガイドラインを提起したいと思います。

　私は、英語的なスタイルで書くポイントは、結局、以下の三点に集約できるのではないかと考えています。

【英語的書き方―ガイドライン】

> 1．**読み手の予備知識はゼロ** を前提に
> 2．**自分を話のソト** に出し
> 3．**言いたいことから一直線に** 配置して

「ズバッ」と書く

ということです。最後の「ズバッ」と書くの「ズバッ」は「ためらわない」ということです。慎重さを保ちながらも、言い切るような思い切りが必要だと言うことです。オピニオン・エッセイに代表されるような英語的書き方における基本的なスタンスは、上記の三点に尽きると思います。このガイドラインに沿って書けば、結果的に、アーギュメント（議論）とディベート（討論）に高い価値を置く英語文化圏の書き方になり、日本人にとってはグローバル・スタンダードに大きく近づく書き方になってきます。

　この三つは一見簡単そうに見えます。しかし多くの日本人にとってきわめて違和感のある苦手な書き方です。うず潮型を好む日本人であれば「説得」されそうもない書き方なのです。そこで、伝統的に日本人が好んできた説得力のある書き方を次に示し、上記のガイドラインとおおむね正反対になっていることを確認しておきたいと思います。日本式書き方とは、

Ⅱ　英語的書き方

【日本語的書き方―ガイドライン】

> 1．読み手の予備知識と察しを　期待して
> 2．自分を話の中に　融かし込み
> 3．言いたいことは最後まで　引き延ばし
>
> 　　　　　　　　　　　「ためらいがち」に書く

ということです。このように書けばまさに「うず潮」型の構成となります。言いたいことが、水面から水底に向かってうずを巻きながら沈み込んで行き、まわりの情勢をうかがいながら「ためらいがち」に進みます。

　私は、日本語的な書き方を放棄した方が良いと言っているのではありません。ある翻訳家は、日本語は「一つの文の中に様々な声を入れることができる」言語と述べています。これは、あいまいな書き方を受け入れ、多様な解釈を許す語法が、日本語の属性の一つだということです。たとえば、俳句の切れ字に感じる沈黙の多義性、自発表現が醸し出す対象世界との一体感などは、日本語の言語属性、つまり捉え方によるところが大きいということです。日本語は、解釈を読み手に託す気持ちで語り、書くこと、それに適したように文法を組み上げ、表現をコード化してきた言語の一つです。問題は、日本語のこうした属性を英語に引きずって書いてしまう点にあります。捉え方の切り替えが

ぜひとも必要になるということです。

2　日本語的書き方

　そこで、はじめに日本語的書き方のサンプルを提示したいと思います。もちろん悪い見本ということではなく、うず潮型の典型として多くの日本人から支持され、評価されるタイプの書き方です。次の〈素手・素足のトイレ掃除〉と題する文章は、高校生の思いをメッセージにして募集する「第10回高校生フォーラム17歳からのメッセージ」からのものです。応募総数29,236点の中から金賞に選ばれた優秀作品で、読売新聞（2010.9.30）に掲載されました。統一テーマは「今までの自分、これからの自分」です。

サンプル（4）

〈素手・素足のトイレ掃除〉

　「はい、じゃあここ掃除してね〜。」先生が僕に言った。そのときは本当にめんどくさいと思っていやがっていた。他の人もしていない。「あり得ね〜」という声もある。

　その当時はとにかく掃除をしなかった。部屋もいろんな物が散らばり、どうしようもなかったのだ。

　僕は野球部に所属している。ある日の練習に「素手・素足でトイレを磨く」というのがあった。聞いた瞬間ざわざわと鳥肌が

たった。

　当日、トイレ掃除のプロが来校した。姿といい、いかにもプロで本格的だった。ヤスリやドライバーのような特殊な器具もあった。一つだけないのはゴム手袋だけだ。悪夢だった。ニオイや汚れは尋常じゃなかった。

　しかし僕は我慢して便器に手を突っ込み、汚れを取る…。無我夢中で磨き続ける。

　なんと!!　しばらくして便器への抵抗感が全くなくなっていた。むしろ「楽しい」という感情が心の底から湧いてきた。便器がだんだん美しくなり、自分の心がキレイになっていく…。すがすがしい気分だった。

　この掃除で普段の掃除に対する意識が変わった。今では掃除を怠らずにはいられない。

　その日から毎日トイレ掃除をするようになった。汚い所にも敏感になった。これにより視野が広がり、野球にも生きている。

　僕はこの貴重な経験を忘れない。そして誰かにも掃除の良さを教えてあげたいと思った。

　素手・素足でトイレ掃除をした体験から得た自己意識の変化について書かれています。汚れをとる行為を通して心が浄化されていく様子が、起こった時間の順序で素直に描かれています。トイレ掃除は身近な出来事ですが、素手・素足で行うことは一般的ではありません。汚れに直接触れるというショッキングな経験によって、かえって精神が浄

化され、その精神が野球に生きるという発見をしたわけです。テーマ「今までの自分、これからの自分」にふさわしい作品だと思います。

　本メッセージに見られる文法特徴は大きく三つあります。第一は直接話法と独白の使用（"「あり得ね〜」""なんと!!""「楽しい」"）、第二は歴史的現在時制（"という声もある""磨き続ける"）の多用、第三に「僕」（一人称）が中心の描写（"どうしようもなかった""鳥肌がたった""悪夢だった"）ということです。この三つの言語特徴は日本語的書き方のガイドライン（2）に直結しています。すなわち、直接話法と独白によって現実感、臨場感が増幅され、歴史的現在時制によって過去の話が目前で起こっているかのように生き生きと語られ、一人称、つまり書き手が話の展開に融かし込まれているということです。次に、言いたいことが最後の二文に現れています（"これにより視野が広がり、野球にも生きている。僕はこの貴重な経験を忘れない。そして誰かにも掃除の良さを教えてあげたいと思った"）。これはガイドライン（3）に当たります。「…」が2か所（"汚れを取る…""自分の心がキレイになっていく…"）ありますが、この箇所はガイドライン（1）の「察し」への期待と関わっていて、間の空白を埋める作業が読者に課せられます。この書き方は、文章上のレトリックとも言えますが、**書き手本位**とも言えます。何を感じ取

るかは読み手次第、という書き方だからです。

　また、予備知識がゼロの読者（ガイドライン（1））であれば、言いたいことの核心—トイレ掃除と野球の上達の関係—を理解することはたいへん難しいのではないでしょうか。たとえば"便器がだんだん美しくなり、自分の心がキレイになっていく…"の箇所がその具体的な一文です。「心がキレイになる」とはどう言うことでしょうか。そうしたことが「野球に生かされる」とは何を意味するのでしょうか。何らかの予備知識を前提にした語り方のようですし、また当然誰もが分かってくれる見込みで書かれているようで、一歩、日本を離れた視点から見ると飛躍があるように感じられるのです。日本では、古来、物心一如と言いますが、何かを掃除する、きれいにする行いが精神の浄化につながると捉える思想があり、修行・修練という英語になりにくい概念を持っています。かりに英語式ガイドラインで書くならば、ソトから目線で、引いた短い解説が冒頭にほしいところでしょう。

　また、全体に、読者の共感を想定した書き方（たとえば、"他の人もしていない。「あり得ね〜」という声もある"）のため、「ためらい」がちな進め方になっています。ズバッと「誰でも素手のトイレ掃除を嫌う。汚いからだ。」のような一文はどこにもありません。

　サンプル（4）は、テーマ、内容とも非常に印象的で臨

場感に富んだ書き方であり、また高校生らしい言葉遣いで「てらい」が無く自然な文章だと思います。ですが一方で、文法や語り方、文章構成がきわめて日本語的な書き方になっているとも言えます。つまり、日本語的書き方のガイドラインそのままです。読み手の知識と察しを期待して、自分を話の中に融かし込み、言いたいことは最後に取っておいて、ためらいがちに書く、という原則です。最後に現れる主張に向かってエピソードがうずを巻くスタイルもすでに紹介した通りです。

3　英語的書き方

　では、英語的書き方の見本を提示しましょう。次のサンプル（5）はアメリカ人高校生のエッセイの一部です。高校のエッセイコンテストの優秀作品ですが、全文は巻末に示します。ここでは解説のため、要点のみを抜き出し、パラグラフごとに番号を付し、概要を日本語で示します。（斜体、下線、太字は吉村）

サンプル（5）

People First
Rethinking how we think of disabilities.
（人間第一主義：身体障害に対する考え方を再考する）

Ⅱ　英語的書き方

① Every generation, someone somewhere is fighting the government about civil or human rights. About two generations ago, African Americans were pursuing civil rights, and the last generation focused considerably on the rights of homosexuals. For my generation, <u>the focus is largely on civil rights for individuals with disabilities.</u>

（これまでどの世代にも市民権・人権についての戦いはあった。かつて、アフリカ系アメリカ人は市民権、前の世代はホモセクシュアルの権利、そして<u>わたしの世代は身体障害者の市民権が中心だ。</u>）

② People with disabilities are often mistakenly viewed as unintelligent, lacking ability, and unable to make their own choices. ... ***The best way to fix this would be to better assimilate those with disabilities into schools and communities.***

（身体障害者は能力が欠如した者と誤って見なされることが多い。…***これを是正する方法は身障者を学校やコミュニティに融和させることである。***）

③ <u>One way we can address this problem of exclusion is by reforming our language.</u> Advocates for the disabled call this "people-first language," which is simply respectful language. The technique is all about putting the person before his or her disability.

（<u>1つの具体策は、言葉遣いを変えることである。</u>「人間第一言語」と呼ばれるこの方策は敬意を伴った言葉遣いをするこ

とで、障害者である前に人間を優先することにある。)

④ For those my age, <u>a great way to help assimilate people with disabilities is to be active in a school's Partners' Club</u>, which helps kids with and without disabilities interact at social and community service events.

(<u>別の融和策は学校の「パートナークラブ」を活発に行うこと</u>であり、それは障害のある児童もない児童も、社会行事や地域のイベントで触れあえる機会を提供している。)

⑤ In many communities, people with disabilities cannot get around very well because of <u>inadequate accommodations</u>, and that is the reason for their reclusion. We can help them by building wheelchair ramps and other such <u>tools that make public spaces more accessible</u>.

((第三の融和策)多くのコミュニティでは<u>設備が不十分</u>なため障害者が疎外され、不便を感じている。車いす用のスロープを作り、<u>公共の場所へ出ていきやすくするツールを作ることで援助できる。</u>)

⑥ <u>People with disabilities are often barred from sports</u>. We can remove that barrier by asking kids who are disabled to play sports with us, if their disabilities allow. ... Three sports that come to mind are <u>wheelchair basketball, wheelchair fencing, and Beep Ball</u>.

((第四の融和策)<u>スポーツができないことも</u>問題である。スポーツの多くは障害者が参加できるよう修正することが可能である。…修正可能な三つのスポーツは、<u>車いすバスケット

ボール、車いすフェンシング、それにビープボールである。)
⑦ There are so many ways to include people with disabilities into our lives. But we don't do it. ... after all, people with disabilities are part of society too.
(障害者も一般の生活に溶け込むやり方は数多くある。ただ、われわれがそうしないだけだ。…そもそも、障害者たちは社会を構成する欠けがえのない一部なのであるから。)

---

① のパラグラフでは、歴史背景に関わってエッセイテーマが導入されています。このパラグラフは何が全体のテーマかを明らかにすることが目的です。② は**論題**（thesis statement）を明らかにするパラグラフで、太字イタリック体の文がそれです。それはエッセイ全体の主張を簡潔に述べています。③〜⑥ は論題の具体的根拠と説明です。③ から ⑥ の下線部が**主題文**（topic sentence）で、各パラグラフの冒頭付近に配置されています。⑦ はまとめのパラグラフで、全体を総括する思想や理念です。

全体の構成を観察しましょう。① で読み手の知識を喚起し、確認しています。簡潔な書き方ですが、アメリカ国民でないわれわれにもおおよそ分かります。② ではこれまでの問題点、そして本エッセイで何を論じるのかを明晰に語っています。導入と以下の本論を「結ぶ」かなめのパラグラフであり、論題文がその結び目の役割を果たしてい

ます。興味のない読者はここで読むのを止めることができるので、**読み手本位**の書き方とも言えます。③〜⑥ では論題を離れず、一直線に解決案を提示する書き方になっています。きわめて**具体的**（specific）な書き方で、読み手に察しや解釈の負担を掛けないよう配慮されています。

　見逃してはならない点は、エッセイ全体を通して作者である主語 I（私）が一度も出てこない点です。それに代わって people, advocates, generation, African American など三人称が中心で、自分を離れたソトの目が捉えた客観的な観察描写が大半です。また、最後の But we don't do it（われわれがそうしないだけだ）のところからも分かるように、ズバッと断定的に総括しています。

　サンプル（5）は、ガイドラインで示した「英語的な書き方」そのものと言えます。読み手の察しや予備知識を前提にせず、書き手の自分を離れ、言いたいことから一直線に「ズバッ」と、具体的かつ簡潔に書かれています。私たちには、一見、味もそっけもない一直線に見えますが、背後に消し去られた思い、つまり、うず巻き、ジグザグ、破線の思索が数多くあったことを考えてみるべきでしょう。

4　日英の文章スタイルを**比較**する

　日本人高校生の書いたサンプル（4）（トイレ掃除）と

アメリカ人高校生の書いたサンプル（5）（人間第一主義）を比較してみましょう。日本人大学生56名（1，2回生）に上記二つのエッセイを読み比べてもらいました。本論に入る前にその一部を紹介しておきます。書き方の特徴、良い点と悪い点を記述してもらいましたが、以下そうした点について、キーワードを抜き出すかたちで示します。

サンプル（4）「トイレ掃除」の特徴

素直、感情移入が容易、共感できる、追体験が可能、主観的（すべて「僕」目線の話）、書き手の意識変化中心、読みやすい体験記、物語的、情緒的、臨場的、体感的、親しみやすい、構成にまとまりがない、論理性がない、独りよがり、読み手によって受け取り方が大きく変わる、擬音語などの活用で状況が想像しやすい、現在の考えと当時の考えが混在している、視覚的、主張が最後まで読まなければ分からない、書き手の人柄が分かりそう

サンプル（5）「人間第一主義」の特徴

構成が整っている、客観的、感動しにくい（遠いところの話）、堅苦しい、形式的、断定的、論理的、温かみがない、冷静、具体的、批判的、流れが良く分かる、一文が長い、（書き手の）感情が伝わらない、冷たい、読み手に考えさせる余地（行間）がない、説得的、段落ごとに内容がよく分かる、解説調、淡々、一貫性あり、個性がない、社会的視点中心、

機械的、公的な文章、距離を感じる、無機質、とっつきにく
　　い、他人事的書き方、「人」がいない感じ

　いかがでしょうか。感想は一致したでしょうか。学生らしい率直なコメントばかりで、また的を射たキーワードも多いのではないでしょうか。
　まず「トイレ掃除」はエッセイではなくメッセージですので、英語エッセイのような書き方を目指したものではないことを確認しておきたいと思います。またテーマが「今までの自分、これからの自分」ですので、自分中心の語り方になる点も考慮しなければなりません。ただ、テーマが何であれ、どういった趣旨の文章であれ、構成、表現法、視点の置き方などは自ずと表面化してきます。加えて、評価者側の評価の観点も見えてきます。そこで以下では、「語り方」と「構成」に絞ってその相違点をまとめておきたいと思います。
　語り方の大きな違いは**視点**にあります。視点とは文章の展開において書き手をどの位置に置くかです。「トイレ掃除」は出来事に入り込んだ視点から描かれ、読者と共に臨場感を味わい、共感を得ることを意図して書かれています。たとえば本文の一節である"「素手・素足でトイレを磨く」…。聞いた瞬間ざわざわと鳥肌がたった"のところでは、自分（＝書き手）の気持ちがどう反応したかといっ

た作者（＝主人公）の視点からの描写です。全体に書き手の「僕」がどっかりと中心に根を下ろし、その僕が見た世界から教訓を引き出し、共感へと導く手法が採られています。ただし、教訓の中身が明示的ではなく暗示的ですので、答えは結局、読者に任されることになります。

　一方、「人間第一主義」の視点は出来事のソトにあります。身体障害者に対する社会の態度や環境を客観的に描いています。たとえば冒頭の一文"これまでどの世代にも市民権・人権についての戦いはあった（Every generation, someone somewhere is fighting the government about civil or human rights）"と、出来事を客観的事実として捉え、描いています。こうした客観的な描写は歴史的な事実のみならず、書き手の自分を含めた行為にも及びます。たとえば"わたしの世代は身体障害者の市民権が中心だ（For my generation, the focus is largely on civil rights for individuals with disabilities）"は、書き手を含む世代全体の問題を客観的に描いています。「共感」に訴える点は「トイレ掃除」も「人間第一主義」も同じですが、問題は訴えかけの手法が違っているということです。「トイレ掃除」は出来事に入り込んだ「僕」の気持ちへの共感を意図した手法ですが、「人間第一主義」は事実の客観的描写を通して共感を得ようとする手法です。注意すべきは主語 we の使い方からもうかがえる通り、事実としての不備や

批判されるべき社会を作り上げた側に作者も含めて捉えられている点でしょう。つまり、自分を含めた社会、自分が関わる出来事をソトから見つめた視点で書かれている点です。こうした書き方をすれば、「共感」を越えて、社会を変えようとする説得力を生み出すことができます。書き方が公的な性格を帯びると言うことで、批判や提案が作者の個人的経験から離れるわけです。キーワードにあった「公的」「無機質」という言葉がそれに当たります。

このことは、自己と他者の関係について一つの重要な示唆を与えてくれます。「トイレ掃除」は、体験が他者と共有可能であることを前提にしており、その体験から引き出された教訓も他者と共有可能であると判断して書いています。自分の気持ちが他者に伝わり、正しく理解されるであろうという見込みのもとで話が進められているわけです。対して「人間第一主義」は、自分を含む社会そのものをソト側から観察し、批判し、克服することに重点が置かれています。その意味では社会全体が書き手の観察対象となっています。おそらく、「人間第一主義」の作者も身体障害者に対する社会の目や制度の不備に憤り「鳥肌が立った」かもしれませんが、その気持ちをそのまま書くのではなく、ソトからの視点で描くことによって作者なりの憤りを伝えようとしています。もちろん、自己と他者の間で気持ちが共有されること、これは、何かを訴えかけるときたい

へん重要な出発点ですが、感じ取ったことをベタでそのまま書くか、事実の描写を通して伝えるか、この違いは読み方に大きな影響を与えます。

　もちろん英語でも書き手の視点を事態の中に置き、読者と共に臨場感を味わう手法はあります。たとえば、現在時制の活用がその一つです。I'*m* walking along the street last night, when the strange man *comes* up and *threatens* me with a knife（昨夜通りを歩いていたら、この見知らぬ男が近づいてきて私を脅すのです（綿貫・ピーターセン 2006））、あるいはスポーツの実況放送（Ichiro *swings* イチロー、打ちました）では、語り手がまさに今その場にいるような気持ち、イチローと自分が一体となった興奮を伝えています。また「親心の *we*（paternal *we*）」と呼ばれる we の使い方もその一つで、It's time *we* went to bed（そろそろ、寝ましょうね）、Let's have *our* medicine now（さぁ、お薬飲みましょうね）がそれです。話し手自身が寝るわけではありませんし、薬を飲むわけではありません。聞き手に気持ちを寄せ、感情を移入しているので、思わず we と言ってしまうわけです。くだけた会話文や小説などの修辞的技法として用いられますが、かなり特殊な用法で、英語エッセイではまれにしか用いられません。この種の視点移動は日英語ともにあるわけですが、出来事に入り込んだり、共感や臨場感を重視した書き方は、日本語の

方がはるかに好まれ、かつ頻繁に用いられます。

　構成も際立った対立を見せています。「トイレ掃除」というショッキングな出来事の**いきさつ**を時間順序で述べ、自分の気持ちの変化を辿ります。ところが、その結果、何が変化したのか、何が得られたかが示されていません。"野球にも生きている""貴重な経験"とは書いてありますが、何がどのように貴重なのか、その中身の説明がないということです。また、テーマは「素手・素足のトイレ掃除」ですが、このテーマは出来事の名前であって、事柄の本質に言及するテーマではありませんので、答えを読者に委ねた書き方（書き手本位）とも言えます。教えや教訓は言葉で表わしにくい、むしろ読者が察知すべき賢明さを持つべきだ、という論理は可能です。しかし、表わしにくい内容を書く責任はやはり書き手にあるのではないでしょうか。

　「人間第一主義」の書き方はその逆です。本文の最初に、現状の問題点の指摘をし、その後すぐに答え（論題）を示し、その具体的改善策の列挙に移ります。何が問題で、答えはこうだと**単刀直入**な書き方です。また、テーマである「人間第一主義：身体障害に対する考え方を再考する（People First: Rethinking how we think of disabilities）」は、主題の中身をズバリ述べています。

　このように見てきますと、日本人好みの語り方には明白

な特徴があることが分かります。それは、関心を持った出来事の中に自己を投影して、臨場感豊かに共感を呼びおこし、読者に暗示的な教訓の「察し」を要求する書き方です。対して、米国人好みの語り方は「ソトから目線」で事実を記述し、問題点を明確にして作者個人の答えをストレートに提示する書き方です。たとえて言えば、日本人好みの語り方が俳句的、抒情的だとすれば、英語的な語り方は散文的、理知的です。もしトイレ掃除の精神論を英語式に語ろうとすれば、俳句を散文的理性で説明することに近くなりますが、そうしたことを要求されているのが現実だと認識する必要があります。英語圏にも Cleanliness is next to Godliness（きれい好きは敬神に近い）という古いことわざがありますので、この種の精神論を日本独自のものとは断言できません。要は、日本的な感受性とその語り方を大切にしながら、一方で、日本語的「書き」方から英語的「書き」方への大転換を習得することが必要だと言うことです。

5　英語の言語特徴と書き方ガイドライン

　英語的書き方は、英語という言語の性質と密接なかかわりを持っています。本書のねらいは、**グローバル化した表現手段としての英語を、日英の「捉え方」の違いから学習**

すべきだという提案にあります（p.19 参照）。なぜ英語世界は英語的書き方になるのかといった問いは、あまりに当たり前すぎて誰も真剣に考えないことでしょう。風習や伝統で片づけてしまうと一歩も前に進みませんが、英語という言語の性質から見ると必然的な帰結だというのが私の考えです。専門的には「相同性」と呼ばれ、言語のある特徴や現象が別の特徴や現象と本質的に同質であり、それによって言語全体が統一性を保つ、というような意味合いです。いくつかの具体例を用いて説明することで、英語が英語的書き方を要求する本当の意味を理解しておくことができます。

（a）ガイドライン（1）

〈遂行動詞〉

ガイドライン（1）は「読み手の予備知識はゼロ」を前提に書く、です。英語世界では In English, you have to write as if you are talking to an idiot（何も分からない人に一から物事を説明するつもりで書きなさい）と言われます。これは読み手をバカにしているのではなく、世界を相手に書きなさいということです。気心の知れた仲間や知り合いが集うムラ社会を相手に書いてはいけない、という教えです。

II 英語的書き方

　一般に、英語圏は**低文脈社会**（low-context society）、アジア、とりわけ日本は**高文脈社会**（high-context society）などと呼ばれます（E.T. Hall 1976）。低文脈社会では、読み手の予備知識、共有情報がゼロとして話を組み立て、議論を展開します。実際上は、予備知識や共有情報がまったくのゼロということはありませんが、**ゼロベース**から出発するつもりで書きましょうということです。

　こうした書き方は、英語という言語の特徴と相関しています。たとえば、英語では自分のしようとする行為の意味を、文の最初に動詞で表わすことが多くあります。次の文を見てみましょう。

I {tell/ advice/ thank/ recommend/ persuade/ promise} you that ...

　最初に出てくる動詞は「命令する」「アドバイスする」「感謝する」「勧める」「説得する」「約束する」と言う意味の動詞です。後から出てくる内容をあらかじめ示すこうした語法は、いくぶん、くどい感じがするものですが、聞き手（読み手）にとってはよく分かります。これから私が言うことは「アドバイスです」「感謝です」「約束です」のように、後から出てくる内容文の前に話し手が伝えたい意味合いを知らせておく語法です。こうした動詞は、あら

かじめ言質を与える動詞ですので、専門的には**遂行動詞**（performative verb）と呼ばれています。

遂行動詞は、聞き手（読み手）の予備知識がゼロを前提に、話し手（書き手）が内容を予告する語法と理解できますので、書き方ガイドライン（1）と大いに関係しています。この語法はソトから自分の言動を描くガイドライン（2）（「自分を話のソトに出す」）にも通じます。なぜなら、言いたいことをソトの自分が解説するような言い方だからです。聞き手の「察し」を当てにせず、誤解を未然に防ごうとするからこそ、予告的になり、また解説的でもあるわけです。

こうした点では、たしかに日本人も話の出だしに「言い訳ではありませんが」「お断りしておきますが」「約束だからな」などと言います。しかし、英語の語法はこうした類の会話の緩衝材―場合によっては反論封じ―と同じではありません。英語の遂行動詞は、言い訳めいて用いているのではなく、聞き手（読み手）に対して、後続する主張の中身を明示的に予告・宣言するための用法なのです。情報提供における書き手と読み手双方のスタートラインを平等にしておくための便宜とも見なせます。

〈冠詞〉

聞き手の「察し」を当てにしない、ということは英語で

は聞き手（読み手）の知識をたえず推し測っているということでもあります。あることを聞き手（読み手）がどの程度知っているかを推測する目印が英語の冠詞・定冠詞です。一例を挙げましょう。「図書館はどこにあるの」を英訳すれば、Where is a library? も Where is the library? も文法的表現です。a と the の違いは、話し手・聞き手双方がどこで何を話しているかという場面によります。a library と言えば図書館というものがどこにあるのか、たとえば二人の人間が地図の中でその場所を探しているような場面です。話し手も聞き手も特定の図書館、たとえば国会図書館、A 大学の図書館などを頭に描いているわけではありません。何図書館でもいいわけです。これは病院、あれは市役所などと言いながら Where is a library? と口にするような場面です。学校や市役所を探すのと同じ気持ちで図書館というものの場所を聞いているわけです。

　ところが、Where is the library? と言えば、聞き手がその特定の図書館を知っているという前提で尋ねる場面です。たとえば、初めて入った大学構内で、学生と思しき人に図書館の場所を聞くときは the library を用います。聞かれた学生はおそらく大学図書館を知っているだろう、と話し手が想定するのが自然だからです。ですから、英語の冠詞は話し手である自分の知識を表わす目印ではなく、聞き手の知識を推し測る目印です。

では、大学構内にいくつも図書館があるような場合はどうなるでしょうか。たぶん、Which library? と聞き返されます。立場が変わって、尋ねられた方が、もとの聞き手の知識を確認してきます。「図書館は一つではない、あなたの行きたい図書館はどの図書館ですか」という質問です。Any library will do や I want to visit the Central Library など、答えなければなりません。any library のときは構内の図書館であればどこでもよい、the Central Library であれば中央図書館と確定します。英語の a と the は聞き手の情報量に向かって立てられたアンテナのようなもので、**「読み手（聞き手）本位」**の道具なのです。

　では同じ場面で日本語ではどのように言うでしょうか。地図上の図書館であっても、構内で学生に聞くときも「図書館はどこにあるの」で同じです。聞き手の情報量を推し測る目印が表現として現れません。もちろん、会話の流れで「その図書館はどこ？」「図書館って、どこ？」のように、誤解がないように配慮した表現も可能ですが、英語と違うところは強制的ではないという点です。原則的に、英語では名詞という名詞にはすべてどちらかが必ず必要です。

　このように、聞き手（読み手）はどのような人で、どこまで知っているのか、を意識化する習慣が英語世界にはありますが、日本語世界には希薄ということなのです。日

本語には冠詞に匹敵するような文法的目印はありませんが、敬語があります。敬語は、聞き手の年齢・地位や職階を話し手が意識化する言語習慣で、外国人学習者を悩ませていることはよく知られています。ところが、敬語は話し手（書き手）の意識を表わす目印であって、その意味では**「書き手（話し手）本位」**の標識です。相手の立場を考慮した話し手の意識の表れですから、それを使うかどうかは話し手が決めればよいことです。かりに使わなかったとしても、伝えたい内容に障害が生じるわけではありません。しかし、冠詞は違います。冠詞は英語という言語それ自体が要求してくる無条件的に必要な標識です。冠詞は聞き手の「知識」や「情報」を推測せよ、既知情報か未知情報か「読み手（聞き手）本位」に推測せよ、と命じる義務的な標識です。英語の（定）冠詞は聞き手（読み手）志向の言語特性であって、聞き手（読み手）本位な語り方を習慣づける文法規則と言えます。

　遂行動詞や（定）冠詞の発達した英語は、言語自体の特性として聞き手（読み手）本位の言語ですし、それゆえに低文脈社会を前提としたコミュニケーション・スタイルを促す力を持っています。比較の問題とは言え、こうした文法を持たない日本語は話し手（書き手）本位な言語であり、高文脈社会を助長するコミュニケーション・スタイルを生み出しています。

一般に、高文脈社会では、聞き手の予備知識が豊かですので、聞き手にとっては推論が働きやすく、かりに話し手が思いつきを思いついたまま話し、書いたとしても、聞き手・読み手が補ってくれます。また、サンプル（4）で見たように、書き手は読み手の補いを期待して書きます。しかも話し手（書き手）にとって都合のよいことに、微妙な部分をうまく補うことができる聞き手は「察し」のいい人として評価されます。つまり高文脈社会では、賢明な聞き手（読み手）になることが、上手な話し手（書き手）であることに優先する社会でもあります。昨今では察しの悪い聞き手はKYと呼ばれるようですが、まずい話し方（書き方）を助長する風潮かもしれません。これは本書の仮説に従えば、日本語の言語特性にますます執着する方向の流れと言えます。

（b）ガイドライン（2）

　【英語的な書き方―ガイドライン】の（2）は「自分を話のソト」に出す、ということでした。これも英語という言語の特徴と関連性があります。

〈人称・時制・数〉
　日本語は「**話し手指向**（speaker-oriented）」言語と呼ば

れます。事態を描写するとき、書き手である「自分」を主人公にした表現を好む言語と言うことです。日本語では、主語である書き手が言語として現れない傾向が強いのですが、それは謙虚だからではなく、自分中心が「当たり前」だからです。これは、我儘だとか、我が強いということではなく、ものの捉え方の一つの傾向ということです。対して英語は「**聞き手指向**（hearer-oriented）」言語です。話し手から離れ、聞き手に近づいた視点から表現しようとする言語です。

　たとえば、「ハンドルの前に座る」は自然な日本語ですが、同じことを英語で sitting in front of the wheel と言えば、通例、おかしな状況を表わします。フロントガラスの前、つまりボンネットの上に座ることを意味します。英語では sitting behind the wheel と言います。日本人は、車の運転席に座ると、「自分」の前にハンドルがあるので「ハンドルの前に座る」と言います。ところが、英語的捉え方では自分の視点を車全体の上に置き、進行方向から自分が座る位置を指します。したがって、英語では sitting behind the wheel（ハンドルの後ろに座る）と表現します。英語は、まるで**鳥瞰図**（bird-eye view）の視点を持っているかのようですが、その理由は簡単です。自分から離れ、聞き手を含む他者と共有できる視点から物事を捉えようとする言語だからです。

同じことは人称・時制・数についても言えます。英語では書き手を自分のソトに置くことを要求してきます。たとえば「ここはどこ？」という日本語を英語にするとWhere am I? となります。直訳すると「私はどこ？」ですが、おかしな日本語です。日本人なら「あなたはそこにいるではありませんか」のような答えが返ってきそうです。

　Where am I? は、話し手が自分を描写の外側に置いて自分の体を眺めたような言い方です。まるでコンピューターを操作している人が、スクリーンに映る自分に座標の網をかぶせ、その位置を確定するような感覚です。ですから、英語の第一人称 I（私）は、ソトに出た自分が事態の中のもう一人の自分を指す時の呼び名と言ってもよいでしょう。眺める自分と眺められる自分に「**自己分裂**」した意識の世界です。たとえば、家電(いえでん)に出た John 本人が This is {John/he} speaking と、自分を固有名詞や三人称で呼ぶことも同じ理由です。「オレオレ詐欺」は "It's-me-It's-me" scam などと訳され、英語文化圏にもありますが、日本のような頻繁に起こる社会的事件になることははるかに少ないようです。

　まったく不可能というわけではありませんが、日本文化ではこうした自己分裂意識を言語に表わすことはまれです。「ハンドルの前に座る」「ここはどこ？」「オレだよ。オレ」といった表現から分かるように、日本語にはソトか

ら観察する目で自分を描く言語慣習が希薄です。そのため、話し手である自分を場所や状況の内側に融け込ませるような自意識を育ててしまっていると言えそうです。

　その他の人称代名詞「あなた」「彼」「彼女」「それら」などは日本語にもありますが、よそよそしくてあまり用いませんし、会話の中で頭に浮かびやすい語でもありません。How are you, today? といった挨拶表現は、もし親しい間柄であれば I'm not quite myself, today.（どうも調子よくないよ）などと答えることがあり、続いて What's wrong? と会話が進みます。面白いのは myself で、自分をソトから眺めたような言い方です。人間には調子の良い日も悪い日もありますが、そんな自分を観察したような言い方です。

　ちなみに、こうした英語の再帰代名詞（oneself）は、英語世界では心理描写に大活躍する点も見逃せません。英語で「無二の親友」を second self と言いますが、心の中のもう一人の自分くらい大切な友人という意味です。英語圏の人の心の中には自分が二人住んでいて、まるで「自己分裂」の世界を生きているかのようです。そのせいか、心の中で、一方の自分（＝理性的な自分）が、もう一方の自分（直情的な自分）に語りかけるように会話することによって、自分の心理を表わす表現がとてもたくさんあります。たとえば、I tried to calm myself, but I didn't（落ち

着こうとしたが、ダメだった)、What's important now is to pull myself together（今大事なことは、立ち直ること)、I forced myself to study（なんとか勉強にこぎつけた）のような表現です。自分を客観化して描くための語法で、ソトの自分（I）がウチの自分（myself）を見つめるような表現です。

さて、代名詞ですが、日本語の日常会話では、自分以外の人間を「あなた」「彼」「彼女」という代名詞で指すことは不自然ですし、相手にいちいち「あなた」と言うのはぶしつけになります。「彼」「彼女」を省いて、単に「今ごろどうしてるかな？」「調子、どう？」と言う方が自然です。

自分を指す一人称Iを含め、英語の人称はすべて、誰（何）を指すかを聞き手に分かるよう場面から「引いて」指す言い方であって、それが人称代名詞という文法装置の意味です。「あなた」= you、「わたし」= Iと日本語式捉え方で表面的に理解しているとなかなか英語の人称を使いこなせません。英語人称代名詞の本質は、日本語の「私」や「あなた」と違って、ソトに出た自分が事態の中の自分や相手を指す言葉であり、そのことを知っているとIやyouを負担なく使えるようになります。

同じことは、時制についても言えます。完了や進行などのアスペクト（相）の話を別にすれば、英語は過去か非過去かしかありません。原則として、過去の話であればどれ

だけ長い話であっても一貫して過去時制を使います。未来のことなら一貫して未来時制です。

　日本語はどうでしょうか。日本語も形式としての時制は、原則、過去か非過去ですが、その用法はさまざまな方向に広がります。過去の場面に話し手が心理的にワープして現在時制に切り替えたり（「みな帰ろうとした。そこで爆笑<u>です</u>。」、未来のことなのに「た」を使ったり（明日それを買っ<u>たら</u>、すぐ帰ってきなさい））、今のことなのに「分かっ<u>た</u>。分かっ<u>た</u>」と「た」を使います。日本語は場面や<u>立場</u>に応じ、語りの「視点」を移動させる言語ですから、その時々の場面の中に、話し手が入り込んで語ります。そのため、臨場感（"あり得ね〜"サンプル（4））や共感（"汚れを取る…""自分の心がキレイになっていく…"サンプル（4））が自然に生まれてくるのです。つまり、日本語の時制という文法概念には冷静な時間の使い分けだけではなく、視点移動によって書き手の気持ちを乗せてしまう力があるのです。これは、時制を自分本位に使えるという日本語の特質とも言えます。対して、英語は過去か非過去かの二分法を貫き、話し手の気持ちを離れた事態そのものを描くために用いられるので、客観的、報告調の語り方に大きく傾きます。

　数も同じことで、英語は世界の物質を可算（a book, apples）・不可算（rain, sugar）、1（単数）か2以上（複

数)かを文法に反映させる言語です。たとえば、「あっ！鳥が飛んでる。あんな高いところだよ」を英語にすると"Oh! A bird's flying. We can see it high in the sky."や"Oh! Birds are flying. I can see them high in the sky."のように、鳥も、見ている人間も単数か複数かを明示しなければなりません。日本人にとっては、鳥が単数か複数か、見ている人間が単数か複数か、といったことよりも遭遇した場面を素材に、語り手の心情（発見・驚き・悲しみなど）を伝えることの方が重要なようです。俳句の英訳作業では「古池や 蛙 飛びこむ水の音」のかわず（カエル）は単数（a frog）、「閑さや岩にしみ入蝉の声」の蝉は複数（cicadas）など、単複がいちいち問題となります。でも、芭蕉が本当に描きたいのは、可算も不可算もないカエルや蝉であって、カエルや蝉の数を伝えるためにこの俳句を詠んだわけでないことは、日本語を母語とする人には分かります。もちろん、100匹のカエルがいっせいに古池に飛び込む情景は滑稽ですが、だからといってそれを排除する言語的根拠は何もありません。大事なことは、カエルの数を「不問に付す」捉え方にあるのではないでしょうか。総じて、文法装置として数に特別の関心を向けないのが日本語とすれば、英語はそれに関心を向けるように作られた言語です。同じ一つの事態であっても、対象の属性（可算／不可算、数）を文法化すればするほど客観性が高まり、ソト

から目線のレポート調の描写となります。

　人称も時制も数も英文法で決められた約束事ですが、単なる記憶すべき無味乾燥な約束事ではありません。それらは、事態をできるだけ客観的に冷静に伝えようとする言葉の装置でもあるのです（「文法の中」の捉え方　p.20参照）。根底にある発想原理は、英語の文法装置は**ソトから見たように事態を描写**しようとする装置だという点にあります。英語は、事態を実況解説するような言語と言ってもよいでしょう。

〈情報配列の違い〉

　私は、日本語は **therefore** 言語、英語は **because** 言語と考えています。よく因果関係などと言います。もちろん原因と結果の関係のことです。たとえば、電車の遅れは授業の遅刻という「結果」の「原因」です。遅れてきた日本人学生に「電車が遅れたので遅刻しました」を英語で表現してくださいと言うと、The train was delayed, so (therefore) I was late for class と言います。同じことを英語のネイティブに言ってもらいますと I was late for school because the train was delayed と答えます。日本語は前者の言い方、英語は後者の言い方を好みます。

　日本語のできるアメリカ人タレントは会話の中で「なぜかというと」という表現をよく使います。芸能レポート

で「彼女は否定したんですね。なぜかというと認めたくなかったからですね」など、あまり理由としての内容がないのに「なぜかというと」といった大袈裟な言い方をします。こうした「なぜかというと」「なぜならば」それ自体は立派な日本語ですが、普段の会話で用いると大仰な日本語に感じます。日本人なら「それで (so)」「だから (therefore)」、最近では「なので」で済ますようです。

　一例として「好きだからハルミと結婚した」のような簡単な文を訳してみましょう。先ほどの例と同じように、日本人は I loved Harumi, so I married her と訳します。英語圏の人に訳してもらいますと I married Harumi because I loved her の言い方を好みます。一見、どちらも同じようですが、捉え方に違いがあります。

　一般に、日本式文章では、事態を時間順序で書き、最後に結論や主張を述べます。上の例で言えば「結婚した」ことが結論ですが、それ以前に「好きだ」ということがあったわけです。ですから、起こった順に「好き」、だから「結婚」の順序となります。では、英語人好みの I married Harumi because I loved her はどうでしょうか。同じことを、順序を逆にして表現しただけのことでしょうか。私はそうではないと思うのです。because と続ける限りは、結婚した理由の根拠となっていなければなりません。それは、時間の流れの先にある顛末(てんまつ)とは違います。because は

原因を述べますが、論理上の原因です。時間、つまりいきさつの原因というよりは、必然の原因です。ということは、日本人の好むtherefore（あるいはso）は、**いきさつの顛末**、英語人が好むbecauseは**論理の帰結**ということになります。

　「好き、だから結婚した」という日本語は、結婚という事態の前に「好き」という感情があったというだけで、それ以外の理由もあったことをうかがわせます。言い換えれば、「好き」ということから引き出された結果の一つがた・ま・た・ま結婚という事態であってもいいわけです。

　必然ではなく、いきがかり上、たまたまある事態が生じたと捉える傾向は、日本人が英語の従位接続（because, since, as）を避ける傾向と関係しています。この種の従位接続詞を使うとき、日本人が感じるぼんやりとした不安は、理由を限定して切りだす見・切・り・感覚への不安です。いきがかり上「いろいろあってこう言う結果になった」という述べ方であれば安堵を感じますが、「こう言う結果になったのは、こう言う理由からだ」という見切り的発想には思わず躊躇し、たじろいでしまいます。

　そうすると、次のように考えることができます。日本語の捉え方は、ひとつひとつの出来事を起こった順に思い起こし、「時間の流れ」に乗せて再構成する捉え方で、それぞれの出来事に気持ちを引き寄せ、出来事と書き手が一体

化して点的に推移するのです。この捉え方になじんでしまうと、時間の流れに乗った出来事同士をソトの目が論理でつなごうとする**線的**意識が希薄になってきます。日本人が好むのは「いきがかり」という**縁**であって、必然という**因果**ではないと言ってもよいでしょう。これは平面的な感覚に優れた書き方になります。

　ところが、英語の捉え方は、終わってしまった出来事の全貌を鳥瞰的に見て、原因と結果の「論理」を再構成する仕方で捉えます。それは、完結した一連の出来事を丸ごとソトから眺めるように、事の推移を論理線でつなごうとする感覚です。そこには因果推論が強く意識されているはずで、「いきがかり」といった捉え方は強く排除されます。言わば、三次元的で、立体感覚に優れた書き方になります。

　英語で「一直線にズバッと書く」と言っても、出来事を思い起こしながら起こった順に書けばよいと言う意味ではありません。それでは日記風なつぶやきスタイルになってしまいます。そうではなく、事の全貌を視野に収めて、事態間の因果を線で立体的に結ぶという意味での一直線です。英語的捉え方の because 発想で書けるということは、いろいろな事態を因果の関係で解釈してから表に出す書き方に他なりません。

　日本人にとって不幸なことは、英語の because 論理が文

レベルを超え、パラグラフやエッセイ構成にまで及んでいることです(「文法を超えた」捉え方 p.20参照)。英語圏のパラグラフでは、冒頭に問題点を挙げ、その直後に結論・主張を書きます。続けて、なぜそうなるか(because)、いつどのようにしてそうなったのか(when, how)等々の根拠・理由(＝支持文)を挙げます。I married Harumi because I loved her の文で書き方を整理しますと以下のようになります。

表（1）英語式捉え方の論理展開

文レベル	パラグラフ	論理
I married Harumi	主題文	結果
because I loved her	支持文	原因
I'm leading a happy life with her	まとめ文	統合

同じことはエッセイ全体の構成にまで及びます。therefore発想(and, soも含め)で出来事を時間順序で挙げ、それにコメントを付けながら、最後に結論を書くと、うず潮型、つまり日記になります。朝起きてから床に就くまで、時間の進行に即して出来事を並べ、その時々の思いを綴り、最後に、今日も良い日であったと締めくくる日記になります。この書き方は「ハルミが好き」それで(therefore)「結婚した」「今は幸せ」の書き方と本質的に

同じです。

この捉え方をさらに発展させてみましょう。本書の冒頭で述べましたように、日本人の好む英語表現に there is 構文があります。「〜がある」です。この文はこれまで述べてきた therefore 好みと結びついて、次に示すような典型的に日本人が好む語りのスタイルを生み出しています。

(ア) There is A, B, C... , therefore I claim that X is Y.
（日本語世界）

英語発想では I claim と because が結びついて、次のような英語圏が好む語りのスタイルが存在します。

(イ) I claim that X is Y, because there is A, B, C... .
（英語世界）

(ア)と(イ)は同じように見えて違っています。(ア)は事実をいくつか先に列挙して、そのあとで自分の主張を述べる日本語発想の書き方です。これもある、あれもあると予告的に門口を広げておいてから、おもむろに自己主張(X is Y)します。(イ)は、主題文(I claim that X is Y)に焦点を置いた書き方で、X is Y 以外の主張を「排除」する論理を持っています。もちろん、別の根拠(because there is D, E, F…）を挙げて反駁することは可能ですが、まずは他に先駆けて自分の主張を優先するパターンです。

　論点のレベルを上げて「説得の成否」という視点から（ア）と（イ）を比較してみましょう。「文化圏が好む書き方（Ⅰ–1）」で東洋はうず潮型（ア）、英語圏は直線型（イ）でした。うず潮型（ア）では主題文やエッセイ全体の論題が最終地点に置かれます。一方、（イ）は直線的です。たしかに（イ）は論理的な述べ方ですが、日本人社会では「説得力」の弱い論法ではないかと思います。共感を目指して語ることを好む日本人は、論理で押す論法を好まないと言われます。それは、プロセスの論理が客観的に正しいか正しくないかより、点的に語られる出来事に共感し、納得できるかどうかが決定的とされるからでしょう（サンプル（4）も参照）。さらに一歩進めて、（ア）のようなスタイルに従えば、「（私は）理屈を主張するのではありません」といった言外のメッセージも伝えることができます。この言外のメッセージは理屈や根拠を説得の第一に考えない日本のような社会では大きな意味を持ちます。「そうでなければならない」よりも「そうかもしれない」と一歩引き下がった論法が功を奏する場合が多いと言うことです。

　これは「説得のレトリック」という論理・表現・慣習の交錯した文章技法の問題となります。（ア）のA, B, Cと

（イ）のA, B, Cとはレトリック上の価値が違っています。（イ）のA, B, CはX is Yで「なければならない」*must*の根拠ですが、（ア）のA, B, CはX is Y「かもしれない事情」つまり*may*の事情です。（ア）の話し手の気持ちは、X is Yでなくてもかまわないことを承知の上でA, B, Cを挙げているので「結論は必ずしもこの一つではありません」と退いた語り方になっています。結局、（ア）には（イ）のような、結論を一つに絞る押しつけがましさ（排他論理）がないわけで、共感を支える一体感を傷つけず、日本人同士の議論ではかえって説得力が増すということです。

「出る杭は打たれる」のことわざ通り、総じて、日本社会では論理の筋道を優先した個性的な主張や正義の論証が嫌われます。したがって（ア）のように、事実や経験としてA, B, Cを提示することで、自分の主張（X is Y）が可能な主張の一つに過ぎないことを認める書き方の方が、（イ）のように、話し手の主張が他の主張を排除する論理優先的な書き方の危険を冒すよりも「配慮ある」表出ストラテジーと受けとめられるというわけです。

日本語が therefore 言語、英語は because 言語という事実は、日英語における好まれる情報配列の違いを映し出しています。英語のように結論から情報の配列を考えるということは、事の終結から全貌を捉える鳥瞰図（「ソトから

目線」）を必要とすると言うことです（サンプル（5）も参照）。これは現実に未完結の事態であっても同じで、とりあえず結果を予測し全貌を捉えようとする気持ちで文章を組み立てるわけです。こうしたことは次に述べる「一直線に書く」書き方ともつながっています。

(c) ガイドライン（3）

　【英語的な書き方—ガイドライン】の（3）は「言いたいことから一直線に」書く、です。ここでは英語の語順（SVO）、主語優勢言語の二点から説明します。

〈英語の語順〉

　英語の基本語順はSVO（I read a book）で、日本語の語順はSOV（私は本を読みます）です。Sは主語で日英共通ですが、動詞と目的語の順序が違っています。Sの直後にVが現れる英語では、Sの判断をVのところで表現します。また、Vの直前に肯定・否定が現れるので、Oの内容を聞く前に話し手の判断が分かってしまいます。対して日本語ではSとOの関係を最後の動詞がまとめるので、最後の動詞を聞くまでSとOの意味関係が明らかになりません。その上、最後の最後に肯定・否定が現れるので戸惑うこともあります。日本人でさえ、たとえば「この電車

はA駅、B駅、C駅、D駅には止ま…りません」とアナウンスされると、自分が降りたい駅に止まるのか、一瞬、戸惑うことがあります。英語ではThis train stops at A, B, C, D. ですので、この点では判断が付きやすいわけです。

つまり、英語は**統語レベル**（単語の並べ方や文法関係の仕組み）において、話し手（書き手）の判断を**最初に**明らかにする言語です。したがって、聞き手（読み手）本位です。日本語はその逆で、最後まで聞かないと話し手（書き手）の判断が分かりません。つまり、話し手（書き手）本位です。

世界の多くの言語を調査したグリーンバーグやスチールという研究者は、英語のようなVO言語と日本語のようなOV言語では、その他の言葉の配列に体系的な対立があることを発見しています。たとえば、英語のようなVO言語では、名詞の後に関係詞（the book [I bought yesterday]）が現れますが、日本語は逆です（[昨日、わたしが買った] 本）。英語は前置詞の後に名詞（{by/ on} bus）、日本語は名詞の後に助詞（バス {で、に}）、英語は接続詞の後に文（Since I come home）、日本語は逆です（私が帰宅してから）。日英語とも、統語上大事な要素はことばのまとまりを代表するような要素で、**head**（頭）と呼ばれます。関係詞節では名詞（the book）、前置詞句では前置詞（by, on）、従位節では従属接続詞（since）で

す。たとえば、the book I bought yesterday は名詞節ですが、なぜ「名詞」節かと言えば、the book という名詞が節全体のまとまりを代表する head だからです。同じように by bus は前置詞句ですが、それは前置詞 by が句全体を代表する要素だからです。Since I come home は従位節と言われますが、それは since が従位接続詞だからです。英語の場合、こうした大事な要素（head）が節や句の「はじめ」に出てくる傾向の強い言語で、これが VO 言語の一大特徴です。ところが、日本語は統語的に大事な要素（上例の「本」「で」「に」「から」）を後回しにする言語で、これが OV 言語の大きな特徴です。

　すぐ後で述べますが、英語的な書き方では書き手の結論・主張（肯定・否定を含めた判断）が冒頭に置かれるスタイルをとります。これは**大事な点から先に書く方式**で、VO 型言語、head 重視の言語という英語の統語特性と相関していると考えられます。一般に、書き方は伝統的な習慣に過ぎないと考えられて来ましたが、私は言語の統語特性と相関性があると考えています。そして、こうした言語本来の統語特性が、文を超えたパラグラフやエッセイレベルにおいても、捉え方の自然さを支えているのではないかと考えています。

　OV（日本語）を VO（英語）に組み替えることは、一見、統語レベルの機械的で単純な操作に思えますが、大き

な心理的な負担を強いてきます。言いたいことを最後まで保留できるOV言語から、言いたいことを最初に切り出すVO言語への転換は、捉え方の根本原理を覆すほどの力をもっています。

〈コトからモノへ〉

認知言語学では日本語の捉え方は**コト的**、英語の捉え方は**モノ的**と呼ばれることがあります。コト的とは出来事の「コト」から由来し、出来事の中の個体ではなく、出来事全体の変化や推移を注視する傾向を指します。コト的捉え方をする日本語はコトのいきさつに関心を抱き、それゆえ動詞中心の描写に傾きます。ところが英語は、出来事の中の個体（行為者、対象物など）に注目し、個体の変化や結果に焦点を当てた描写を好みます。そうした点でモノ的言語と呼ばれるわけです（ニスベット2004も参照）。

たとえば、次の文は日本語のニュース原稿ですが、（A）はそのままを英語に翻訳したもの、（B）は英語の捉え方で英語に翻訳したものです（日本通訳協会編2007、下線部は吉村）。

サンプル（6）

ニュース原稿：今日午後、山梨県甲府市の県道で社員旅行の一行を乗せた大型バスが5メートル下の用水路に転落し、<u>運転手と</u>

<u>乗客のうち1人が死亡、12人が重軽傷を負いました。</u>

（A）　A large bus carrying a group of people on a company excursion fell into a waterway five meters below on a Yamanashi prefectural road near Kofu city this afternoon, thus <u>killing the driver and a passenger, and injuring 12 others</u>.

（B）　In Yamanashi prefecture, **<u>two people died and 12 others were injured</u>** this afternoon when their bus fell into a waterway five meters below the road. One of the dead was the driver. The group was on a company excursion.

　このニュース原稿で一番大事な情報は何でしょうか。英語的捉え方では下線部で、それ以外はコトの「いきさつ」だと捉えるようです。したがって、下線部（＝主題文）から文章を組み立てたのが（B）というわけです。ところで、この場合、（B）が大事だと捉えた下線部は個体の変化を描いています（two people died and 12 others were injured〈2名が死亡し、12名が重軽傷を負った〉）。つまり事故で人が亡くなったという個体の変化が最も重要な情報であると捉えています。この点がモノ的捉え方です。対照的に、原文と（A）はいずれも、事故の日時、社員旅行、事故の顛末という状況説明（＝コトの推移）から始まり、最後に個体の変化（下線部）を述べています。

同じ一つの出来事でもどの情報が一番大事かという判断が日英で異なるということですが、それが異質な語り方を生み出す源泉になっています。われわれ日本人なら、いきさつを聞いている途中であっても、その結末をおおよそ推測できますが、そういう語り方・聞き方に慣れ親しんでしまうと、逆に（B）のようにいきなり結果からズバッと言われても、その後の話とのつながりがなんだか分からなくなってしまうのです。前節の because 論理とも密接にかかわりますが、日英の捉え方の違いは思いのほか深いところまで影響を及ぼしています。英語のように、個体の変化に注目するということは、いきさつよりも結末に、事態推移よりも結果に注目するということです。

　この点で興味深いのは、英語には対象が変化した結果まで含意する動詞が日本語よりも多いという言語事実です。たとえば「湯を沸かしたけど沸かなかった」「この生地、燃やしたけども燃えなかった」「彼に電話したけど出なかった」「あなたを起こしたけど起きなかった」など、日本語で可能な表現が、英語では不可能なことが多くあります。英語では I boiled the water, but it didn't boil. I woke you, but you didn't wake up とは言えません。日本語動詞（「沸かす」「燃やす」など）は行為プロセス（つまり、この場合でも「いきさつ」）に重点を置くが、英語動詞（*boil, burn* など）は結果まで含めて言い表わせるということで

す。英語において動詞自体が結果の意味を含意するように造られているということは、そもそも英語が結果に注目した捉え方をする言語だということです。結果を含む動詞が多いということは、事態を鳥瞰する視点、ソトから描く目線へと通じています。ちなみに、英語で「いきさつ」を表現したい場合は、try to, attempt to, intend to などの表現を付け足し、特別な手間をかけることになります。

　こうした英語の言語特徴はニュース報道の文体、語り方にも及んでおり、英語のパラグラフやエッセイで冒頭に結論、結果を配置するのも、この種の捉え方が相同的に反映されているためだと考えられます。結果の提示が重要なだけではなく、捉え方として当たり前であるため、最後に持ち越す必要性を感じないからです。

〈**主語優勢言語**〉

　日本人の英語表現には as for X 〜 , X is ..., concerning X, X is ..., in the case of X, X is ... のパターンがよく現れます（トム・ガリー 2010 も参照）。たとえば、As for my university, its buildings are small. Concerning my friend Yoshida, he likes travelling. のような文です。日本語は**話題優勢言語**（Topic-prominent language）と呼ばれ、「象は鼻が長い」「あの家は屋根が青い」といったように「X は Y が〜だ」構文が好きな言語です。ですから、「私の大学

は建物が小さい」「吉田君は旅行が好きだ」であれば、話題部分（「私の大学」「吉田君」）を as for や concerning で取り上げ、それらをもう一度代名詞（its, he）で繰り返すパターンが好まれます。

一方、英語は**主語優勢言語**（Subject-prominent language）と呼ばれ、「X は（As for X）」の部分を省いて、いきなり「X が〜だ」と発想する言語です。上記の日本文であれば、英語では一直線に The buildings of my university are small, My friend Yoshida likes travelling と表わす方を好みます。たしかに、as for 文も、いきなり主語を出す文も、どちらも文法的な英語ですし、言いたいこともほぼ同じでしょう。しかし、as for や concerning, in the case of などが文頭に頻出する英語を見れば、ネイティブにはまだるっこしく感じられるようで、日本人が書いた英語と分かってしまうことも多いようです。

とりあえず「話題（topic）」から出す日本式英文は、日本語が話題優勢言語であるという言語特性に由来します。話題優勢言語における話題（as for X）の X は主格（主語）、対格（＝目的語）、斜格（方向・出発点・到達点など）のいずれでもかまいません。たとえば次の日本文の話題は順に主格、目的格、到達点を表わします。

（1）a．吉田君は（が）、旅行が好きだ。

b．週刊誌は（を）、買わないことに決めている。
　　c．スペインは（に／へ）、すでに行って来た。

　このように、日本語のような話題優勢言語では、述部がどのような内容であれ、まずとりあえず「は」を用いて話題にしてしまいます。英語で書くときも、この日本語の特性に引きずられて、as for, concerning, in the case of を頻用し、述部を付けたす感覚で書くようになってしまいます。

　こうした統語特性はエッセイの**構成法**にまで影響を与えています。一言で言えば、OV言語であり話題優勢言語である日本語のせいで、アイデアを最後まで見定めて話す・書くという習慣が身に付きにくいということです。たとえば（１ｂ）において「週刊誌は」と、とりあえず話題を立てれば、あとは「買わない」「割高だ」「最近、面白い記事が満載だ」「ゴキブリをたたきやすい」などなど、思いついた内容を思いついた順で続けることが可能です。このように日本語の「は」は「〜と言えば」の感覚ですから、大ざっぱに話題を取り上げるのに適しています。加えて、OV言語のため判断を最後まで保留できるので、後続の内容をきちっと詰めないまま言いだし、書きだすことができます。

　「は」の便利さは文単位にとどまりません。古くから

「「は」のセンテンス越え」と呼ばれてきたように、「は」の話題力は後続の長い文章、場合によっては段落を越えて威力を発揮します。つまり、「は」は長い文章を書かせる力、一つの話題について思いつきをダラダラと並べ、文相互の論理を薄め、全体の判断を後まわしにさせる力を持つということです。古典の文章で主語探しの問題が可能となる原因の一つはこの「は」の威力なのです。たいへん重宝な文法装置ではありますが、一方で、うず潮型スタイルを生む遠因と私は考えています（Hinds 1987 も参照）。

本書の冒頭に挙げたサンプル（1）はまさにその典型です。今述べたことを確認するため、ここで再度そのサンプルを示します。話題は「私」です。名前から始まって「私」についての述部が延々と続きます。

サンプル（1）

My name is Kenta Fujiwara. I belong to the music club, and I play the piano every day. I consider playing the piano very important to become a music teacher. I study not only music but also every subject, and talk many things with my friends. I like watching movies, too. So, I am spending campus life happily.

サンプル（1）における述部は、内容が多彩ではあるものの、常に「私」に戻る書き方になっています。うずの中

心にある「私」が述部の求心点となるため、話が並列的で、内容を深める書き方になりません。たとえば2行目 I consider... のところで「音楽教師になるためにはピアノが弾けることがたいへん重要だと思います」と述べていますが、それがどうして重要なのか何も書かれていません。話題である「私」にすぐ戻り I study every subject と次の思いつきに移ってしまいます。これが日本人学生の書くエッセイの典型的な特徴です。

　もし英語の捉え方で書くなら、I consider... の後、because piano is the most basic instrument that any music teacher is expected to play in teaching music（というのは、ピアノは音楽教育で必要とされるもっとも基本的な楽器だからです）など、重要だと思った「内容」を深める書き方になるはずです。

〈一直線の意味〉

　英語で話し出したり、書き出したりするには、主張や結論がひとまず「確定済み」の状態でなければなりません。よく言われるように、英語圏で「逆ピラミッド」構成が好まれるのは、忙しいからではなく、英語の言語特性——主語優勢型の VO 言語——が誘導する、英語なりの自然な捉え方だからです。

　ガイドライン（3）の「一直線」とは、サンプル（1）

のように思いついた順に並べて書くと言う意味の一直線ではありません。深めて書く、つまり、**まっすぐに掘る**という意味での一直線なのです。「最初に結論ありき」ですから、それなりの準備、つまり根拠・理由・理念を整えておく必要があるわけです。

そこで、英語式に「一直線に書く」ために、英語的な捉え方がパターン化されています。それはパラグラフやエッセイの「基本パターン」と呼ばれます。

テキストによって細かな違いはありますが、おおよそ以下に示すものがそれに当たります。

(A) 英語パラグラフの基本パターン

X 主題文 (topic Sentence)
　A-1 主たる支持文 (Major Supporting Sentence)
　　A-2 従たる支持文 (Minor Supporting Sentence)
　B-1 主たる支持文 (Major Supporting Sentence)
　　B-2 従たる支持文 (Minor Supporting Sentence)
　C-1 主たる支持文 (Major Supporting Sentence)
　　C-2 従たる支持文 (Minor Supporting Sentence)
Y まとめ文 (Concluding Sentence)

再びサンプル（1）に戻り、それを英語パラグラフの基本パターンに沿って書き直してみます（X, A-1 などは上

II　英語的書き方

記の基本パターンに示された文を指します)。

サンプル（1）

My name is Kenta Fujiwara.（X）**I am a sociable university student who aims to be a music teacher.**（A-1）[I have lots of friends, and I enjoy chatting with them on a variety of topics such as movies, club activities and lecture subjects we are attending.]（B-1）[I belong to the faculty of music education where I practice the piano every other day.]（B-2）[To be a music teacher, the ability to play the piano is one of the most basic requirements.]（Y）<u>While enjoying casual chat with many friends, I'm doing my best to realize my biggest challenge, that is, to be a good teacher of music.</u>

（X）が主題文（topic sentence）で、パラグラフ全体の内容を予告し、簡潔に表わした一文ですが、ここでは「社交的な性格で、音楽の先生を目指していること」がそれです。ここで二つのことを述べているので、支持文ではこの二つのことを深めます。（A-1）は社交的であることの中身、（B-1）は音楽の先生を目指すことの中身です。（B-2）はさらに（B-1）を深めた支持文です。最後の（Y）がまとめ文で、主題で述べた二つのことに関連した展望を書きます。

主題文に即しつつ深めるという意味合いにおいて、内容的な**一貫性**（coherence）が保持されます。内容的な一貫性の他に、語と語、文と文とのつながりや関連性、つまり**結束性**（cohesion）も重要とされます。たとえば接続詞ですが、A and B なのか、A or B なのか、not A but B なのか、こうした使い分けは結束性を保つ上で大切です。一般には、**つなぎ語**（transitions）と呼ばれる接続表現が文と文、パラグラフとパラグラフの連結に重要な働きをし、具体的には in addition, furthermore, namely, that is, in other words などです。こうした接続詞やつなぎ語を的確に選択することは、直線的論理を達成するために重要です。

　一般の英語エッセイは、こうしたパラグラフが3～8個くらい集まった文章群のことです。以下に示す英語エッセイの「基本パターン」は次の諸要素から成り立っています。すなわち、タイトル、背景と読者の関心を引くための**導入部**（Introduction）、導入部の内容を絞り込み、後続パラグラフ全体が扱う主題をまとめて具体的に表わす**論題文**（Thesis Statement）、本論となるパラグラフ群、全体のまとめ文を含む最終パラグラフです。

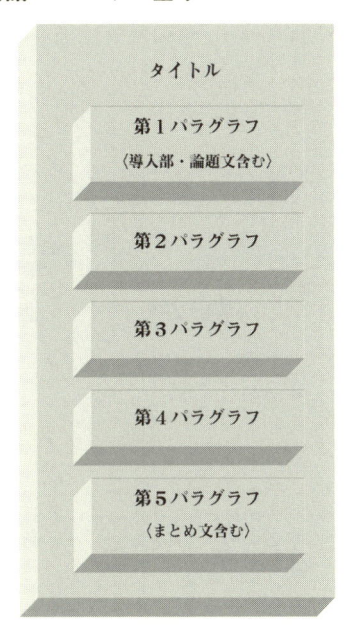

図(2) 英語エッセイの基本パターン

```
タイトル

第1パラグラフ
〈導入部・論題文含む〉

第2パラグラフ

第3パラグラフ

第4パラグラフ

第5パラグラフ
〈まとめ文含む〉
```

　図(2)がエッセイの「構成」を表わすとすれば、以下の図(3)は「情報の流れ」をイメージ的に表わしています。鼓を縦に置いた形です。第一パラグラフでは一般的なことがら(背景)や読者の興味を引く主題を書き、**広く浅く、入りやすい入口**にしておきます。続く2、3、4パラグラフで本論を展開しますが、1と2をつなぐ一文が、通例、論題文です(塗りつぶし部分)。論題文は導入部の内容を引き継ぐと同時に本論(2、3、4)の内容を予告する

役割を持ちます。第5パラグラフは2,3,4で述べた内容をまとめ、1と関連付けながら展望や理念を書く**出口**ということになります。

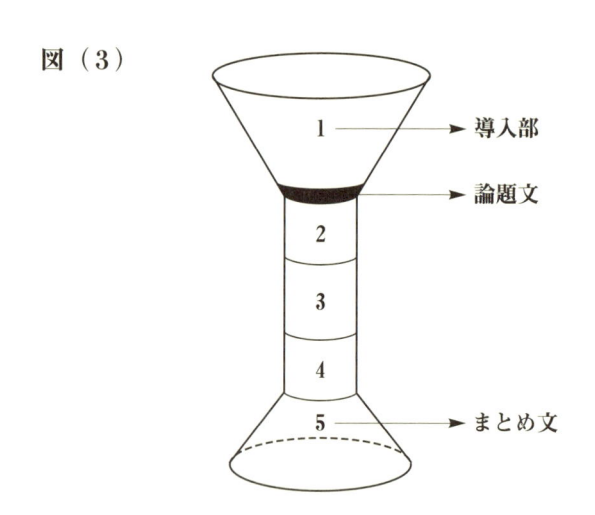

図（3）

```
        ┌──────────┐
         \   1    /  ───→ 導入部
          \──────/
          ▐▐▐▐▐▐    ───→ 論題文
          │  2  │
          │  3  │
          │  4  │
          ├──────┤
          │  5  /  ───→ まとめ文
          └────┘
```

　第1パラグラフに論題文が含まれますが、これはエッセイ全体の司令塔ですから、直線論理の起点であり、方向と結論を決定づける・・・かなめとなります。東洋的うず潮論理で言う「うずの中心」ですが、英語的捉え方ではエッセイ全体の最初のパラグラフに配置される点がきわめて重要な点です。

　エッセイ全体に流れる内容的な一貫性を、**統一性**（unity）と呼びます。複数のパラグラフ全体が一つのテー

マのもとにまっすぐ流れることが英語エッセイでは命です。脇道、寄り道、余談、枝葉末節に流れることを嫌います。われわれ日本人には、英語圏の議論展開に「ひっぱった」感じ、いくぶん「しつこい」感じを受けるのはこのためです。英語発想の捉え方では「言いたいことから一直線に」「ズバッ」と書くことが尊重されるため、こうした基本パターンが生み出され、それは鳥飼氏の言う「直線的」に進む書き方に他なりません。

英語が英語的書き方を要求する本当の意味とは、英語という言語が要求してくる言語特徴に沿った書き方です。本書で述べた言語特徴を用いて説明すれば、最初に結論を導く合図を示し（遂行動詞）、読み手の知識を推し測り（定冠詞・冠詞）、話のソトに自分を出して（人称・時制・数）、一直線にズバッと（主語優勢型 SVO 語順）書くわけです。

こうした書き方をすれば、必然的に英語圏という低文脈社会に適した「読み手」本位な書き方になるということです。一見、単純で自己主張の強い書き方に見えますが、実はそうではありません。一直線とは他の文化圏にあるような曲線や破線、ジグザグ的思考を消すために、それ相応の努力が払われた結果でもあり、英語圏のエッセイ指導でブレイン・ストーミングやディベート、推敲（editing, revising）を重視する習慣があるのもそのためです。

III 実践例の研究

　英語的書き方は英語という言語の「捉え方」から出てきたことを踏まえ、この章では実例を研究してみたく思います。本書は日本語的捉え方と対比させることによって、英語発想の書き方を実体験していただくアプローチを採りますので、実践例の研究は大きな意味を持ちます。ガイドライン（1）（2）（3）を確認しながら、日本人が書いた英語パラグラフ、エッセイと英語圏のネイティブのそれを比較検討してみましょう。

1　パラグラフ

(a) 音楽について

　次のサンプル（7）は大学1回生が書いたエッセイ「音楽について」の出だしのパラグラフです（文法ミスを訂正していません。日本語訳は私の試訳です）。

サンプル（7）

On Music

① Listening to my favorite music always makes me so exciting. ② It is my custom to listen to music every morning. ③ And I always carry my i-pod with me. ④ When I take a bus and a train, I can spend a good time though alone. ⑤ And I enjoy going to a concert of my favorite musician. ⑥ I like both listening to alone and going to a concert to enjoy music with my friend.

音楽について

好きな音楽を聞いているといつもワクワクしてきます。毎朝音楽を聴くのが私の習慣です。いつもiポッドを持ち歩いています。バスや電車に乗っている時、一人でも楽しく過ごせます。好きなミュージシャンのコンサートを楽しみます。一人で聴くのも、友達とコンサートへ行くのもどちらも好きです。

次に、同じ「音楽」をテーマに英語的捉え方で書かれた1つのパラグラフを紹介します。（8）はネイティブの書いた英語、日本語訳は私の試訳です。

サンプル（8）

Music's Charms

① Music soothes and heals, everyone knows that. ② It can

thrill us, inspire us, and bring us to tears. ③ How and why it works that way is still a mystery, however. ④ *Mind* magazine says that music acts on the brain's "emotional center" – called the limbic system. ⑤ Music's charms are like those of sex, good food, and habit-forming drugs such as cocaine. ⑥ It was this "feel-good" aspect of music that led ancient people to create music some 35 or 40,000 years ago. ⑦ Charles Darwin, the great British biologist, believed that music was important in evolution. ⑧ It helped early humans organize community life, he said. ⑨ In other words, listening to and making music together allows us to feel closer to each other. (*Everyday Psychology*, p.26)

音楽の魅力

音楽は気持ちを和らげ、癒してくれます。皆そのことを知っています。音楽は私たちをわくわくさせ、希望を与え、涙を誘います。ところが、なぜ、どのようにして音楽にそんな力が宿るのかは未だに謎です。雑誌『マインド』によると、音楽は大脳辺縁系という脳の「感情中枢」に働きかけるのだそうです。音楽の魅力はセックス、おいしい食べ物、コカインのような習慣性のある麻薬に似ています。おおよそ3万5千年から4万年前、古代人が音楽を作るきっかけになったのもまさしくこの「陶酔感」でした。イギリスの偉大な生物学者、チャールズ・ダーウィンは、音楽は進化上、重要なものと考えました。彼が言うには、音楽は古代の人間が社会生活を形成する上で役に立ったということです。要するに、皆がいっしょに音楽に耳を傾け、ともに音楽を作ることで私たちは親近感を抱くことができるというわけです。

次に再度、【英語的書き方─ガイドライン】【日本語的書き方─ガイドライン】を示しておきます。

【英語的書き方─ガイドライン】

> 1．読み手の予備知識はゼロ　を前提に
> 2．自分を話のソト　に出し
> 3．言いたいことから一直線に　配置して

「ズバッ」と書く

【日本語的書き方─ガイドライン】

> 1．読み手の予備知識と察しを　期待して
> 2．自分を話の中に　融かし込み
> 3．言いたいことは最後まで　引き延ばし

「ためらいがち」に書く

　英語の学習途上にある日本人学生のパラグラフと、ネイティブの、しかも精選されたパラグラフとを比較するのは、本来、妥当でないかもしれません。しかし、ここでは出来の良し悪しを比較するのが目的ではなく、捉え方や書き方の特徴を観察して、グローバル化した語り方に近づくことを目的とします。

最初に気づくのは、サンプル（7）の英語は「自分」中心だということです。描写から明らかなように、徒然に思いつきを羅列した日記、「つぶやき」のようになってしまっています。ですから、（7）の内容は一般的な音楽がテーマというよりは、「私にとっての」音楽ということになります。書き手個人の好みを知りたい読者であれば、それでもよいでしょうが、音楽一般について何かを知りたい読者には物足りません。しかも、（7）は具体的に書かれていませんので、書き手個人の好みさえはっきりしていません。たとえば、「好きな音楽とはどんな音楽なのか」「誰のコンサートなのか」「音楽をいつも聞くような習慣を持ったきっかけや理由は何か」「あなたにとっての『音楽』とは何なのか」など、次々と疑問が浮かびます。サンプル（1）と同じで、書き手の「私」を中心に思いつきを並べた書き方になっています。

　次に、表現面ですが、（7）は「好きだ（favorite）」「面白い（exciting）」「楽しむ（enjoy）」といった主観的・主情的な言葉が目立ちます。自分中心になるとどうしても自分の感情や主観を優先した語彙を選んでしまいます。書き手がどんなに楽しく面白くても、それが「どのように」楽しく、「なぜ」面白いのかを、「自分を離れた」語彙で表現できなければ、少なくともグローバル的な伝え方にはなりません。こうしたことはガイドライン（2）に関係するこ

とです。

　そこで、ガイドライン（2）「自分を話のソトに出す」を踏まえてサンプル（8）に目を転じてみましょう。一読してサンプル（8）の印象はいかがでしょうか。よく分かる内容だが、いかにも整えた隙のない書き方で身近な感じがしない、計算された西洋建築のようで、よそよそしく、近づきがたい感じがしたかもしれません。あるいは、「自分と離れた世界のことが「ひとごと」のように書いてある」が率直な感想かも知れません（サンプル（5）のキーワード p.45〜p.46 も参照）。その通りだと思います。自分を話のソトに出してあえて「**ひとごと**」のように書く、が英語エッセイの真髄であり、世界が読んでくれる書き方だからです。

　（7）と比べて（8）で注意すべきことは、一度も書き手の「私（I）」が出てこない点です。筋道が立つように事実を並べただけですが、調べた内容（*Mind* magazine says, Charles Darwin, ... believed）が手際よく整理された印象を受けます。また、サンプル（7）のような、「楽しむ（enjoy）」「好きだ（favorite）」「面白い（exciting）」といった主観的・主情的な言葉がどこにもありません。全体として、ぶっきらぼうに、事実を淡々と重ねて書いているだけです。ところが、どういうわけか話の内容に引き込まれないでしょうか。書き手の自分を話のソトに出す気持ち

で書けば、かえって内容が豊かになってきます。

　ガイドライン（1）に関わる点はどこでしょうか。再びサンプル（7）ですが、内容的に読者に要求される予備知識とはどういうことでしょうか。「音楽」がテーマですから、本来、音楽の一側面を紹介することにあるでしょう。ところが（7）は「私」に注意を引きつけたため、テーマから逸れてしまい、予備知識自体が問題になりません。

　サンプル（8）では①（"音楽は気持ちを和らげ、癒してくれます。皆そのことを知っています"）②（"音楽は私たちをわくわくさせ、希望を与え、涙を誘います"）によって、読み手目線で知識の確認が行われています。また、⑦の Charles Darwin（チャールズ・ダーウィン）を導入した箇所では the great British biologist と、同格のコンマでダーウィンを簡潔に紹介しています。ダーウィンを知らない読者はおそらく少数でしょうが、こうした知識の確認は世界を相手に書くために必要な「お断り」と言えましょう。

　ガイドライン（3）は「言いたいことから一直線に」書く、です。（7）の言いたいことは何でしょうか。音楽好きの私の紹介ですが、ポイントが絞れていないので、読み手は「あ、そうですか」と相槌しか打てません。どんなジャンルの音楽で、それがなぜ好きになったか、などに焦点を置けばそれなりのパラグラフになりますが、具体化さ

れていないので、共感や反発さえ生じません。

たとえば ② It is my custom to listen to music every morning の箇所ですが、具体化して読み手本位に書きなおしてみます。

サンプル（9）

②′ It is my practice to listen to music every morning, especially the latest hard rock. You might ask why hard rock? Why in the morning? It is because I like its pounding beat and rhythm which quickly helps me wake up and gets me in high spirits.

毎朝、音楽、とりわけ最新のハード・ロックを聞くのが私の習慣です。どうしてハード・ロックを朝に、と聞きたくなるかもしれません。ガンガン響くビートとリズム、それが目覚めを早め、気分を高めてくれるからなのです。

ここでのポイントは「毎朝」「音楽」を聞く習慣があることです。どんな音楽をなぜ朝に聞くのかが読み手が知りたいことなのです。具体化して書くことで一直線に内容を深めることができますし、読み手もある程度関心を持つことができます。また because 論理を取り込んだ点にも注意してください。

（8）は、言いたいことを絞って明示している点に注

意しましょう。それは音楽の癒し効果について「なぜ（why）」と「どのように（how）」の2点です。問いの立て方からして書き手である自分を離れ、一般化されています。

　一直線の中身を見てみましょう。最初の二文が導入文です。① Music soothes and heals, everyone knows that は倒置文で、普通の語順では Everyone knows that music soothes and heals です。倒置によってアピールしたい内容が強調されています。② It can thrill us, inspire us, and bring us to tears も導入文です。冒頭から music で主語が統一され、thrill us, inspire us, and bring us と SVO でリズムを整えています。us の繰り返しも心地良く響きます。③ How and why it works that way is still a mystery, however（ところが、なぜ、どのようにして音楽にそんな力が宿るのかは未だに謎です）がパラグラフ全体の主題文です。何を書くかが**ズバリ**この一文で示されています。すなわち、①②で導入された音楽の謎、それが生じる「方法（how）」と「理由（why）」を問題にしたいということです。次の *Mind* magazine says から 35 or 40,000 years ago までが how への答え（④〜⑥）、続く Charles Darwin から最後の feel closer to each other までが why への答えです（⑦〜⑨）。問いを決め（主題）、それに答えるパターン（支持文）です。二つの問いですから、二つの答えを用

意しています。具体的には、感情中枢への刺激による「陶酔感」によって癒しや希望が与えられること（howへの答え）、共同体を形成する上で音楽にはcharmが存在するということ（whyへの答え）です。「問い」→「答え」のかたちで、終始、一貫しています。

⑧ It helped early humans organize community life（音楽は古代の人間が社会生活を形成する上で役に立った）は分かりにくい文です。前文の進化論と古代の社会生活との結びつきが明確ではないからです。もちろん書き手の頭の中では「当然」のこととして結びついているわけですが、英語エッセイでは書き手が当然と思っている事柄を、読み手の立場に立って整理することが求められます。そこで、最後の文⑨ In other words, listening to and making music together allows us to feel closer to each other（要するに、皆がいっしょに音楽に耳を傾け、ともに音楽を作ることで私たちは親近感を抱くことができるというわけです）につながります。音楽によって仲良く暮らす力が育ったというわけです。この文の冒頭にはつなぎ語in other wordsが現れていることにも注意すべきでしょう（p.86参照）。分かりにくい前文の内容に具体性をもたせ、内容を再確認するための言葉です。リズムやメロディに合わせて仲間がいっしょに身体を動かすと、思わぬ力が出たり、気持ちが明るくなったりすることは私たちの経験から明らかですので、

そうした経験を最後の二文から自然に思い起こすことができます。

以上、サンプル（8）の各文（①〜⑨）を「英語パラグラフの基本パターン」につき合わせて示しますと、以下のような構成になっています（まとめ文はありません）。

（B）サンプル（8）の構成

導入文＝①②
X 主題文（topic Sentence）＝③
　A-1 主たる支持文（Major Supporting Sentence）＝④
　　A-2 従たる支持文（Minor Supporting Sentence）＝⑤⑥
　B-1 主たる支持文（Major Supporting Sentence）＝⑦
　　B-2 従たる支持文（Minor Supporting Sentence）＝⑧⑨

構成から明らかなように、（8）は立体的に深める書き方、論理を直線的に通す書き方になっていて、書き手と距離を置いたカラッとした仕上がりになっています。自分と密着したうず潮型英文（7）ともう一度比べてみてください。

なお、テーマの music's charms を「音楽の魅力」と訳していますが、英語の charm には「魔法で人々を引き寄せる」といった意味が込められ、③の mystery、支持文中の陶酔感（"feel-good" aspect）や親近感（feel closer to each other）といった言葉とイメージ的に響き合っています。

(b) 〈わがこと〉〈ひとごと〉

　ガイドライン（2）に関連して、さきほど「ひとごと」という表現を用いましたが、簡単に英語世界のセルフ・コントロールについてまとめておきます。

　（7）（8）二つのパラグラフを比較して感じ取ることができるのは、英語的捉え方の（8）が「**ひとごと**」のような書き方をしている点にあります。（7）が最後まで書き手である自分にこだわった書き方、言い換えれば「**わがこと**」的書き方と呼べるような書き方をしているのに対して、（8）は自分を捨てたような書き方になっているという点です。その点では、ガイドライン（2）は「ひとごと」のように書くと言っても言いわけです。

　「ひとごと」的な書き方は無責任な書き方ということではありません。一見、不思議に思えるかもしれませんが、英語世界の捉え方は、書き手である自分を突き放したような書き方をすることによって、書き手個人の自己主張を達成しようとする発想でもあります。

　その理由は次の通りです。低文脈社会を相手に書くということは、普遍的な論理や客観性を重視して書くというこ

とだからです。できるだけ個人的な「思い入れ」「独りよがり」「詠嘆」を離れ、多くの人が理性的に納得できる事実と論理を活用して自説を展開することです。そうすることによって、書き手の主張が書き手を離れた一般性と公共性を帯びます。そうなると、不可避的に「ひとごと」的な書き方になってきます。

　面白いことに「私はこう思う」と自分の言い分を人に説得するためには、書き手の思い入れや主観、心情や詠嘆をひとまず脇に置き、社会に共有される客観的事実と論理的な筋運びに訴えかける方が、説得力が増すという考え方です。読者の中には、英語世界の捉え方は「私は〜した」「私は〜と感じた」「私は〜と言いたい」など、「私」を前面に繰り返し押し出す書き方をするものだと誤解される方がいるかもしれません。これは英語世界の個人主義を誤って理解することになると思います。個人の考えを効果的に主張するためには、書き手個人の「我（が）」を抑制しコントロールすべきだ、というのが英語世界の捉え方です。「我（self）」と「個（individual）」は異なる概念であって、彼らは「我」をコントロールしてこそ個の主張、いわゆる個性の発揮ができると考えているのです。

　一方、（7）で見たように「わがこと」発想は自分が話題になるので、自分の思いつきをパラパラ並べた書き方になりやすいのですが（うず潮型）、「ひとごと」発想では扱

う問題や事件の中身が話題になるので、客観と論理が主役となり、そのため俯瞰的で一直線の描写に傾きます。パラグラフやエッセイの「構成」に出てくる支持文とは、結局、問題の「解」を書き手なりに論証することで、好き嫌いや感動を直接的に書くことではありません。したがって、英語圏で尊重される個性とは、問題に対する自分なりの論証のことであって、その論証の仕方を通じてその人なりの個性が発揮されるということになります。それは、（7）に見るような、あるいは「トイレ掃除」のような「我」のつぶやきへの共感とはまったく異質なものと言えます。

　語り方のスタイルの違いは、いわゆるコミュニケーション能力と密接に結びついているのではないでしょうか。近年、若者に要求されるコミュニケーション能力は、ここで言う「ひとごと」的に事態を客観視できる能力、問題を発見してそれに対して自分なりの「解」を打ち出せる能力のことであって、解の正誤にかかわらず、本来、それこそが真の個性であり、主体性ではないかと思います。

（c）着るものと振る舞い

　もし日本人学生と英語ネイティブが同じテーマでパラグラフを書いたら、どのような違いが出てくるでしょうか。

次に示すサンプル（10）は、大学の英語エッセイライティングクラスからの実例です。テーマは「着るものによって人間の振る舞いは異なるか」の冒頭パラグラフで、（A）が大学2回生、（B）は英語の母語話者（アメリカ人男性講師）のパラグラフです。（文法ミスなど、訂正していません）

サンプル（10）
（A）日本人学生

There are a lot of clothes in the world. People have a variety of clothes. Even **if** you are a man who don't care *what you wear*, you must not have the same clothes. *What you wear* influences you. **If** you wear uniforms of policeman, firefighter, or school, you will think that you have to behave well. **If** you wear new clothes, your will be a careful man of dirty. Some people might say even **if** *what we wear* changes, we are *what we are*. <u>Though people change clothes only, their behavior changes.</u>

　世界には多くの衣服がある。人はさまざまな服を着る。着るものに無頓着な人間でも同じ服ばかりということではない。着るものは人に影響を与える。もしあなたが警察官、消防士、学校の制服を着れば、それなりの振る舞いをしなければならないと感じるだろう。新しい服を着たときは汚れにも注意するだろう。着るものが変わっても人格は変わらないと言う人がいるかも知れない。

でも、着るものを変えただけでも、その人の行為は変わるものだ。

(試訳、吉村)

(B) 英語母語話者

The variety of clothing choices available to consumers today is astounding. Long gone are the days when a shopper was limited to ___purchasing___ only the items found in his/her local department store or shopping arcade. These days, buyers are free to ___shop___ anywhere their internet connection takes them. However, despite all the options available in this modern age, many people continue to ___buy___ the same styles of clothing from the same places again and again. Why? Perhaps for them, significant changes to *what they wear* or *where they buy it*, is possibly an unwanted indication of a change in *who they are*. While a person is no better or worse a character simply because of the clothes they wear, people certainly behave differently when they wear different clothes.

今日、消費者が選択できる服装の多様性には目を見張るものがある。地域のデパートやショッピングセンターで目にしたものだけ購入していた時代ははるか遠くに過ぎ去り、最近では、インターネット接続のおかげでどこでも自由に買い物ができる。しかしながら、多様な選択肢のある現代でも、多くの人は同じ場所で同じ種類の服を買い続けている。これはどうしてだろうか。おそらく着るものや買う場所を大きく変更することは、自分が変わっ

たことを人に知らせてしまうが、それが不本意に感じられるからかもしれない。着るものだけで人間の性格は良くも悪くもならないが、違う服装をしたときには、振る舞いも違ってくることは確かだ。

(試訳、吉村)

　最初に、形式面を比較してみましょう。パラグラフに現れた語数、文数、一文内語数（平均）、それに FRE、F-KGL です。FRE は Flesch Reading Ease の略で、読みやすさの評価指数を表わし、標準的な米語文書では60〜70、スコアが高いほど読みやすいとされます。F-KGL は Flesch-Kincaid Grade Level の略で米国の学年を基準にした文書の理解指数で、数字は理解可能な学年を表わします（たとえば、8であれば8年生、つまり日本の中学2年生）。

　次の表は（A）（B）の数値をまとめたものです。

表（2）形式の比較

	語数	文数	一文内語数（平均）	FRE	F-KGL
A	93	7	13.2	85.0	4.6
B	128	7	18.2	56.0	9.9

　表（2）から分かることは、（B）は語数が多い割に文数が少なく（Aと同じ7）、したがって一文内語数が（A）より5語多くなっていることです。つまり、（A）に比べ

ると（B）は一文が長いということです。（A）のFREは85.0で、平均よりは読みやすいレベル、（B）のFREは56.0で、やや難易度の高い文章ということになります。これはF-KGLにも反映され、（A）が米国で4〜5年生レベル、（B）はほぼ10年生ですから大学生レベルということになります。

　構成はどうでしょうか。両パラグラフは以下に続くエッセイ全体の導入部に当たります。（A）（B）とも論題（thesis statement）は同じで、「人は着るものによって振る舞いは変わる」です（下線部）。いずれも一般論から入っており、パラグラフの最後にこの論題が現れる構成です（図（2）「英語エッセイの基本パターン」p.87参照）。

　内容面では、日本人大学生のパラグラフ（A）は制服（uniform）を主題にしています。日本では学生服、礼服、リクルートスーツなど、職種やTPOに応じた服装があり、両者の関係は比較的密接で安定しています。その点で、（A）の話の筋は良く理解できます。日本人の行動理念は「みなと同じであること」と揶揄されるくらいで、制服を着用することでプロ意識を高めたり、規律ある行動が慫慂される状況が多くあります。（A）はその点をついた内容です。一方、（B）は、インターネット・ショッピングから購買行動の保守性に話が移り、最後の論題へとつなげています。テーマは同じでも切り口が（A）とはまった

く違っています。切り口についてはすぐ後の（d）で取り上げます。

　文法面を観察しておきます。(A) の主語には *you* が目立ち、(B) では *shopper, buyers, many people, they* など3人称が大半です。面白いことに (B) には I, you, we が一つもありませんし、後半では *many people* を受ける形で *they* が一貫して現れます。また、(A)(B) とも *wh* 節が何回か現れますが、現れ方には違いがあります。(A) では *what* 節が全体に散在しており、全部で4回出現しますが（太字斜体）、(B) では *what, where, who* と形を変えながら後半の一文に3回集中して現れます（太字斜体）。文体にはリズムという呼吸がありますが、(B) の英語にはそうした呼吸が感じ取れます。英語の呼吸をしている、と言えばいいのでしょうか。次に if 節ですが、(A) の4回に対し（太字体）、(B) では if 節は一切使われていません。日本人学生がもっとも好む接続詞の一つが if ですが、4回のうち3回は文頭に現れています。日本人が文頭の if 節を好むのは、主節（言いたいこと）を後回しにしたいガイドライン（3）の現われです。

　最後に語彙面ですが、(A) では *wear* が5回、(B) では2回現れます。注目点は、(B) で「購入する」が *purchase, buy, shop* など（波線部）、類義語を活用している点です。文体論では、特殊なレトリックを除いて、同一

語彙の繰り返しを避けることが勧められています。

　以上、形式、構成、内容、文法、語彙の各面から概観しました。その中のいくつかはガイドラインの（1）（2）と関係します。まず、ガイドラインの（2）「自分を話のソトに出す」は代名詞の使い方に現れます。日本人学生の（A）には主語が全部で17か所ありますが（there など一部は除きます）、そのうち you が9回、people が3回、we が3回で、they はありません。それに対して（B）のすべての主語は13か所、そのうち they が5回、people, person が3回、shopper, buyer など人間名詞が2か所、その他無生物主語（the variety of clothing choices など）が3回です。you, we は1か所もありません。（A）は I ではなく you を用いている点でガイドライン（2）に近づいていますが、（B）にはその you さえも現れません。英語の一般人称を表わす you は読み手（聞き手）を含めて一般の人ですが、they は書き手とともに読み手（聞き手）も除外した一般人称とされますので、そうした点では、（B）の場合、観察者としての視線が強く、「ソトから目線」をうかがわせます。shopper, buyer, 無生物主語の現れもその一環でしょう。

　ガイドライン（1）「読み手の予備知識ゼロ」に関わってくる点は、（A）のパラグラフが制服と振る舞いとの関係を前提に書き進めていることです。Ⅱ-4で述べました

が、日本では「トイレ掃除」が精神の浄化と関係するように、ここでは制服と振る舞いの関係が暗黙のうちに前提されています。こうした暗黙の前提は、エッセイの分かりやすさという点で非常に大きな位置を占めますが、たいへん見えにくいところでもあります。なぜならば、「予備知識」が暗黙の文化的前提とされることが多く、文章化されないからです。書き手にとっては、ほとんど意識に浮かび上がることさえない当たり前の事柄だからです。次に、この問題を取り上げます。

(d) 捉え方と「フレーム」

　（A）（B）を比べた場合、私には（A）の日本人学生の方がよく分かります。「分かる」とは、語彙や構文の難易度ではなく、**話の運び**が分かりやすいという意味です。では、話の運びとはどのようなことなのでしょうか。ガイドライン（1）の予備知識の問題は、ネイティブであればピンとくるような「話の運び」と大いに関係しています。この問題はエッセイ・ライティングで（広くコミュニケーション論としても）非常に大事な問題ですが、取り扱いが難しく、正面切って論じられることは一般にありません。ここでは認知言語学の成果を生かして手短に触れておきたく思います。

一般に、テーマから何を連想するかは、まったく個人の自由のように思われるかもしれませんが、必ずしもそうとは言えません。日本人であれば、またアメリカ人であれば、スーッと頭に浮かぶ連想やストーリーの典型のようなものがあります。これは認知言語学で**フレーム**（frame）や**スクリプト**（script）と呼ばれ、円滑なコミュニケーションを進める上で欠くことのできない言語運用上の知識を指します。難しい知識ではまったくありません。実際の場面や生活経験と直結するような連想知識や筋運びのことをそう呼んでいるのです。

　音声が聞き取れ、単語の意味が分かっても、相手の言っていることがピンとこない経験は誰にもあります。フレームは、相手の言っていることを理解するために必要な、自然な連想を支える背景知識のことです。たとえば、日本で「お祭り」と言えば浴衣、囃子、みこし、花火、神社、屋台が連想されますが、festivalと聞いて英語圏の人が連想するのは、音楽、ダンス、映画、演劇、クリスマスなどでしょう。英語のlandもgroundも「陸地」ですが、landは海に対しての陸地、groundは空中に対しての陸地です。たとえば「その日はlandで5時間過ごした」と英語で言えば、その人は船旅の途中だということが連想されます。日本語の「男」と「男性」は同じ意味だと思われるかもしれませんが、場面や文脈によって異なる背景知識が活性化

されます。一般に、犯罪報道の容疑者は「男」であって「男性」とは言いません。「深夜の路上をうろつく ¦男／男性¦ が目撃された」という一文で、「男」とくれば「事件の容疑者」、「男性」とくれば「事故の関係者」を連想させます。「男」か「男性」かによって事態の捉え方が大きく変わります。日本語のネイティブであれば、この違いはピンとくることですが、フレーム知識は辞書に書かれていないので、外国語習得の大きな障壁となっています。ニュース報道の慣行、生活感覚、会話の含意など、辞書に書かれていない膨大なフレーム知識が、一瞬かつ一挙に、意味のニュアンスをすくい上げます。

　スクリプトは英語で台本や脚本の意味ですので、筋書きに関わる経験と知識を指します。特に時系列に沿った一連の場面を連想させる知識のことです。たとえば、レストランのスクリプトは「入る→席に座る→メニューを見る→料理を選ぶ→注文する→食べる→支払う→出る」です。「電車に乗る」スクリプト、「文化祭」のスクリプト、「婚姻」のスクリプトなど、私たちの生活は筋書きに沿った一連の運びで進んでいくこともかなりあります。

　フレームもスクリプトも、ともに共通するのは自然な連想ということですが、それらは言語文化ごとに食い違っている場合が大いにあります。結婚式の祝儀は日本人にとってはフレーム知識、スクリプト的な事項の一つかも知れま

せんが、多くの他文化にとっては想定外の要素でしょう。チップの慣行のない日本ではウェイターの対応や支払いのタイミング、金額など、自然な連想の対象とはなりにくいでしょう。

　英語が分かる、日本語が分かるということは、発音や語彙、文法や構文を知っているだけではなく、フレームやスクリプトのようなその言語文化に密着した連想知識も有しているということなのです。ときおり同時通訳の日本語がしっくり頭に入ってこないことがありますが、日米では事件や事故あるいは議論などに関わるフレームやスクリプトが違っているため、表面の意味が分かっても、「腑に落ちない」ということが生じるわけです。

　そうしたことを踏まえて（A）（B）を見比べると「分かりやすさ」の意味が明瞭になってきます。（A）のパラグラフ内容が分かりやすいのは、制服好きとされる日本の風土では制服と職種の関係がまさに一つのフレームであって、自然な連想を支えているからです。しかも、一定の職種はその職種に応じた振る舞い、つまりスクリプトを連想させます。（A）に書かれているように、警察官や消防士の服装や装備、学生の制服はそれなりの振る舞いを促し、そこから逸脱した振る舞いをしないよう社会から期待されていることを意味します。ところが、制服が振る舞いにそれほど強制力を持たない、あるいは職種と制服との対応が

そもそも薄い文化圏では、この種の日本的フレーム、日本的スクリプトが理解されにくくなります。個人的な経験ですが、昔、ロサンゼルスのマクドナルド店に銃を携帯した警察官が昼食を食べるため列に並んでいたことがありましたが、そのときの違和感は未だに憶えています。

　こうしたことから、世界を相手に書くときには、どうしても予備知識の「点検」が書き手に要求されるわけです。それは書き手の知識を客観化して取り出すことにもつながっています（ガイドライン（2））。

　一般に、ある文化圏には好まれるフレーム、好まれるスクリプトがあると言えます。それは話の運びを支える予備知識として非常に重要であって、その言語による捉え方に強い香りを添えています。この点をさらに明らかにしておくため、次にオバマ大統領の就任演説（2009.1.21）の一節に注目したいと思います。

サンプル（11）

..., it is ultimately the faith and determination of the American people upon which this nation relies. It is the kindness to take in a stranger when the levees break, the selflessness of workers who would rather cut their hours than see a friend lose their job which sees us through our darkest hours. It is the firefighter's courage to storm a stairway filled with smoke, but also a parent's willingness to nurture a child that finally decides our fate.

　つまるところ、わが国が寄って立つのは国民の信念と決意だ。それは堤防が決壊した時、見知らぬ人を助ける親切心。それは艱難のとき失職した友人を傍観しているのではなく、自らの労働時間を削る無私の心。結局、われわれの運命を決めるのは、煙の中、階段を突っ切る消防士の勇気であり、進んで子どもを育てようとする親の気持ちだ。

　もちろんエッセイや日常会話と違う演説、それも名演説と言われる大統領演説ですから、本書のテーマにそぐわないかも知れません。しかしながら、アメリカ人が好むフレームやスクリプトを指摘する上では好材料だと思います。一読して感じることは、よく分かるが、日本人の語り方とは異質だということです。

　まず、日本の政治家が信念と決意を語る時、それは当の政治家の信念と決意であって、国民の持つべき信念と決意ではありません。サンプル（11）はオバマ大統領個人の信念と言うよりは、自らが国民と共有できるはずの信念を、自分を離れたソトからの視線で述べています。もし日本の首相がこのような語り方をしたとすれば、国民はどのように受け止めるでしょうか。上から目線の「説教的」演説のように受けとめるのではないでしょうか。アメリカ人は物質的に豊かだからこうした哲学や理念を聞く耳を持ってい

る、などと考えるのは少し筋違いではないかと思います。では、どうしてアメリカ国民の心には響くのでしょうか。

サンプル（11）のような話の運び方、レトリックがアメリカで通用するのは、「リーダー」や「政治」あるいは「希望」に対するフレームやスクリプトが日本のそれとは異質だからではないかと思います。もちろん選挙制度の違いなど、制度上の問題もあるかも知れませんが、（11）はアメリカ人が好むフレームとスクリプトを取り上げ、それらを巧みに語りのレトリックとして昇華させています。

アメリカでは理念を述べたあと、身近な生活場面の具体的事例を引いて、理念を**実体化**（substantiate）するのが好きです。サンプル（11）では、理念である「国民の信念と決意」（主題文）を打ち出し、その後、堤防が決壊した時の義侠心、仕事を分けるやさしさ、消防士の勇気など、場面を**具体化**（specify）して述べています（支持文）。具体化された場面こそが、文化固有のフレームとスクリプトの出番で、鮮烈な印象を聞き手に与えるかどうかの試金石となります。「勇気」と「愛」はアメリカ人が最も尊重する価値観であり、多様なフレームやスクリプトの根幹を成しています。

このように、理念（抽象）から実体（具体）へ流れるレトリックの成否は、フレームとスクリプトをいかに効果的に用いることができるかによって支えられています。オバ

マ大統領の演説は、英語エッセイの基本である「主題から支持文へ」の流れに沿いながら、アメリカ人の価値観を表わす個別のフレームとスクリプトを絶妙に織り込んでいます。

　英語で書く、つまり英語的捉え方で書くとは英語圏のフレームやスクリプトを知り、その用い方に習熟すると言うことになってきます。すでに触れましたが、結局、英語の捉え方で書くことは思考表出の英語クレオール化ということです。最終的には、他言語を効果的に操るということは、語彙や文法に習熟すること以外に、その言語を母語とする人たちに共有されるフレームやスクリプトを発想の根幹に持っているということになってきます。

2　エッセイ

(a) 鳩山論文の英語

　すでに I-4 で鳩山前首相の「私の政治哲学」のことに触れました。そこでの鳥飼玖美子氏の指摘は、鳩山論文は「日本語で読むと違和感はないが、英語（HP 版）で読むと読みにくい」、しかし、NY 版（英語的な論理構成）は読みやすい、ということでした。このことを本書の趣旨に即して言えば、日本人が原文の日本語を読むと違和感が

Ⅲ　実践例の研究

ないが（うず潮型）、そのままを英語にすると読みにくい（うず潮型英語）、しかし英語的捉え方（一直線型）に改めると読みやすい、ということになります。これは、英語という言語が求めてくる論理の流れがあって、それに乗って書くと文意が捉えやすくなる、ということです。

　そこで、ガイドラインの観点から鳩山論文の原文の冒頭部、その逐語英訳版（HP版）、要約英語版（ニューヨーク・タイムズ版＝NYと略記）を取り上げ、捉え方の違いから英語スタイルの書き方を深めてみましょう。

サンプル（12）
鳩山論文の「原文」

　現代の日本人に好まれている言葉の一つが「愛」だが、これは普通 love のことだ。そのため、私が「友愛」を語るのを聞いてなんとなく柔弱な印象を受ける人が多いようだ。しかし私の言う「友愛」はこれとは異なる概念である。それはフランス革命のスローガン「自由・平等・博愛」の博愛＝フラタナティ（fraternite）のことを指す。

　祖父鳩山一郎が、クーデンホフ・カレルギーの著書を翻訳して出版したとき、このフラタナティを博愛ではなくて友愛と訳した。それは柔弱どころか、革命の旗印ともなった戦闘的概念なのである。

　クーデンホフ・カレルギーは、今から八十五年前の大正十二年

（一九二三年）『汎ヨーロッパ』という著書を刊行し、今日のＥＵにつながる汎ヨーロッパ運動の提唱者となった。彼は日本公使をしていたオーストリア貴族と麻布の骨董商の娘青山光子の次男として生まれ、栄次郎という日本名ももっていた。

HP版（逐語英訳版）

Among Japanese people today, "*ai*" is a particularly popular word which is usually translated as 'love'. Therefore, when I speak of "*yuai*", which is written with the characters for 'friendship' and 'love', many people seem to picture a concept that is soft and weak. However, when I speak of *yuai*, I am referring to a concept that is actually rather different. What I am referring to is fraternity, as in *liberté, égalité, fraternité*, the slogan of the French Revolution. When my grandfather Ichiro Hatoyama translated one of the works of Count Richard Coudenhove-Kalergi into Japanese, he rendered the word fraternity as "*yuai*" rather than the existing translation of "*hakuai*". Therefore, when I refer to *yuai*, I am not referring to something tender but rather to a strong, combative concept that was a banner of revolution. 85 years ago, in 1923, Count Coudenhove-Kalergi published his work *Pan-Europa*, starting off the Pan-Europa Movement which eventually led to the formation of the European Union. Count Coudenhove-Kalergi was the son of an Austrian noble, who was posted to Japan as his country's minister, and Mitsuko Aoyama, the daughter of an antiques dealer from Azabu, Tokyo. One of the count's middle names was the Japanese name Eijiro.

NY 版(要約英語版)

In the post-Cold War period, <u>Japan has been continually buffeted by the winds of market fundamentalism</u> in a U.S.-led movement that is more usually called globalization. In the fundamentalist pursuit of capitalism people are treated not as an end but as a means. Consequently, human dignity is lost.

<u>How can we put an end to unrestrained market fundamentalism and financial capitalism,</u> that are void of morals or moderation, in order to protect the finances and livelihoods of our citizens? That is the issue we are now facing.

In these times, <u>we must return to the idea of fraternity</u> – as in the French slogan "liberté, égalité, fraternité" – as a force for moderating the danger inherent within freedom.

冷戦期以降、日本は、アメリカが主導してきた、一般にグローバル化と呼ばれる市場原理主義に翻弄されて来た。原理主義者的に資本主義を追求する中で、人間は目的ではなく手段として扱われている。その結果、人間の尊厳は失墜した。

市民の財産と暮らしを守るために、どうすれば抑制されない市場原理主義と金融資本主義に終止符を打つことができるのか。それらにはモラルもなければ節度もない。われわれが直面している

問題はまさにこの点にある。

　今、われわれは「博愛」に戻らねばならない。それはフランスのスローガン「自由・平等・博愛」にあるように、自由という概念が本質的に含んでいるその種の危険を緩和する力としての博愛である。
　　　　　　　　　　　　　　　　　　　　　　　（試訳、吉村）

(b) **構成の分析**

　まず、構成から見ていきましょう。「原文」は「愛」と「友愛」の違いからスタートし、「友愛」と訳出した祖父の翻訳書の話に移って、そのあと翻訳書の原著者カレルギーの生い立ちに向かいます。三つの段落は「友愛」→「祖父」→「カレルギー」の流れです。「友愛」はフランス革命の闘争的なスローガン「博愛」に由来し、「友愛」という言葉の生みの親は自分の祖父である。「友愛」は祖父が翻訳したカレルギーの著作がもとにあり、カレルギーの出自は日本と関係する、といったことです。

　日本語の全文は1万語近い長論文です。その出だしの一部なので、この段階で全体としての主張が見えにくいのも無理ありません。また、たしかに鳥飼氏の言うように日本語として特に違和感はなく、その逐語訳のHP版も原文の表現に沿った端正な英文となっています。しかしながら、この調子で進んでいきますと、どこで論題文が現れるの

か、逸話や挿入話がどのような意図で持ち出されたのかが分かりません。最後まで読むと、冒頭の段落の意図が明確になります。それは「現在の行き過ぎた原理主義的資本主義は是正すべきだ。そのためのスローガンとして「友愛」という概念を打ち出したい」という一点です。

　では、なぜ最初からそのように書かないのでしょうか。この疑問は英語圏の人たちが真っ先に頭に浮かぶ疑問でしょう。「祖父」や「カレルギー」の話は何のために持ち出されたのか、ここで父や日本と縁ある人たちを紹介する必要はなぜあるのか、彼らは不思議に思うはずです。まさに、うず潮の始まりです。たしかに一つ一つの文が表わす意味は明瞭に理解できますし、文のつながりも分かります。ただ、「何のため」に友愛の話が持ち出され、祖父の翻訳本やカレルギーの出自に言及されているのか、それらが主張の核心にどのようにつながるのかが分かりにくいのです。

　このように言うと、「先を急ぐな」「話に付き合え」と言われそうですが、肝心の論題（うず潮の中心）が最初に示されていないので、全体から部分の意図が捉えにくく、話の筋道が見えにくいのです。また、このセクションのタイトルは「党人派・鳩山一郎の旗印」ですが、タイトル自体が著者である鳩山由紀夫の旗印ではなく、この点でも遠くからうずを巻くタイトルになっています。

今一度思いだしていただきたいのは、本書のガイドライン（3）「言いたいことから一直線に書く」の「言いたいこと」の中身です。英語的捉え方から見た「言いたいこと」とは、読み手の立場から見た論題と結論のことで、書き手中心のいきさつや背景ではないということです。

　もちろん、多くの日本人は、鳩山前首相が（この当時）民主党代表で、鳩山一郎の孫に当たり、連日マニフェストが紹介され、地域格差を生みだした市場原理主義的な政治の流れに対し、批判的な立場の政治家だと言うことを知っています。こうした知識と文脈の中で冒頭箇所を「読み込め」ば、論題や結論はおおよそ「察し」がつきます（日本語的ガイドライン（1）参照）。しかしながら、こうした知識や文脈を当てにするならば、それは、読み手の予備知識を前提にした書き方になってしまいます。地球規模の読者には、皆目見当もつかない予備知識でしょう。また、予備知識が不足していると、今度は推論が働きません。

(c) NY版の英語

　対して、NY版（要約英語版）についてはどのようなことが言えるでしょうか。印象を一言で言えば、これ以上削りようのないくらい圧縮・簡潔化された表現ということでしょう。ズバリ直言、言いたいことから一直線の書き方で

す。次に示すものが NY 版の主張（論題）です。

NY 版の論題
「日本は、アメリカが主導してきたグローバル化と呼ばれる市場原理主義に翻弄されて来た。そのため、人間は目的ではなく手段となり、尊厳は失墜した。どうすればこの状態に終止符を打つことができるのか。答えは「博愛」に戻ることだ」

　上の論題は NY 要約版の下線部を取り出したものに過ぎません。この短い一節こそが全編にわたって主張したい核心です。

　NY 版は、事実から問題点を明らかにした後、すぐにその答えを示しています。ただそれだけのことです。それだけで、これほど力強い書き出しにすることができます。主張の中身については異論や反論も多々あると思います。また、スタイルも単純すぎて、うず潮型に慣れた私たちには、大人げない、そっけない書き方かも知れません。しかしながら、予備知識を要求しない、ソトから目線で一直線に書くとは、すなわちこういう書き方なのです。しかも、書き手の「個性（individuality）」が強く鮮明に打ち出されています。それは書き手個人の主張が断定的に書かれているからであって、書き手の気持ち（憤り、嘆き）やいきさつ（鳩山家の系譜）などが一切省かれているからです。

この一節を書くためには、相当の紆余曲折や反論を想定し、言葉をそぎ落とし、自らに刃を付きつける勇気をもたなければなりません。すべての読み手、たとえばアメリカに賛同してもらおうなどとゆるい気持ちでは書けません。しかしNY版のように書けば、かえって、地球規模の読み手が引き付けられることも事実ですし、批判の矢面にされた当のアメリカ人も主張内容に関心を持つのでないでしょうか。理由は簡単で、賛否はともかく、主張の核心が「分かる」からです。

　もちろん、「市場原理主義」や「グローバル化」といった用語についての語彙的予備知識は読み手に必要です。しかしながら、ここで言う予備知識とは、語り方を「読み込む」ための予備知識です。具体的には、背景やいきさつから徐々に核心に近づくうず潮論法、日本的フレームとスクリプトの読み込みです。たとえば、スローガン「友愛」がある政治家の出自と密接な関わりがあり、そうした関わりが書き手の主張への支持と結びつき得るといった風土的推論がその一つです。こうした読み込みは、非常に高度な推論を要請しますので、低文脈社会では受け入れられません。

(d) 主題文と人称

　次に、具体的な表現に目を向けましょう。NY 要約版の構成は三つの段落から成り立っています。第1パラグラフは「導入」、第2パラグラフは「問題提起」、第3パラグラフはその「答え」です。各パラグラフには主題文（topic sentence）が一つずつあります。第1パラグラフの主題文は Japan has been continually buffeted by the winds of market fundamentalism（日本が市場原理主義の風に翻弄されてきた）、第2パラグラフのそれは How can we put an end to unrestrained market fundamentalism and financial capitalism（抑制されない市場原理主義と金融資本主義にいかに終止符を打つか）、第3パラグラフのそれは we must return to the idea of fraternity（博愛の理念に戻るべき）です。いずれも「英語パラグラフの基本形」に沿った書き方です。

　HP 版（原文の逐語訳）では I（my）が7回繰り返されているのに対して、NY 要約版では一度も I が使われていません。代わりに現れるのは Japan, people（三人称）と we です。三人称を用いるのはサンプル（10 B）「着るものによって人間の振る舞いは異なるか（p.106）」の英語母語話者の英語と共通した特徴で、ソトから目線の捉え方を反映しています（ガイドライン（2））。

(e) アブストラクトの重要性

　英語世界では、論文の最初にアブストラクト（概要）を出すのが一般的です。アブストラクトは論文全体の主張を一つの段落（パラグラフ）に圧縮したものです。いきさつや細かな分析、補足、余談などは本文（あるいは注釈）にまかせて、つまるところ、① 事実は何か、② 問題は何か、③ どう解決したか、を必要最小限の単語を使って表現します。この冒頭のNY要約版は、まさに鳩山論文のアブストラクトと言えます。明晰でよく分かるだけではなく、関心のない読者は後を読む必要がなくなるというメリットがあります。

　このように見てきますと、鳥飼氏の言う「日本語で読むと違和感はないが、英語で読むと読みにくい」「インパクトの強い書き方」「英語的な論理構成法」の意味が明瞭に納得できると思います。まさしく、本書のガイドラインである「読み手の予備知識はゼロ」「自分を話のソトに出す」「言いたいことから一直線に」ズバッと書く、です。英語的な明晰性（clarity）とは、結局、主張のエッセンスを簡潔に明示できる言語力のことですが、私は今述べた三つのガイドラインがその中身だと考えています。アメリカの大学の講義では、文献や論文を読んだ後にアブストラクトの提出を課しますが、その意図はここにあります。

IV　発展的な書き方

　以上、ここまで次のようなことを述べました。（a）グローバル化した英語が求める英語的書き方は、三つのガイドラインに沿った書き方であり、（b）それらは英語の言語特徴の延長線上にあること、（c）認知言語学で言う「捉え方（construal）」を学習すれば両者の関係を深く理解できること、（d）それは実践に応用可能であること、です。重要なことは、単語・構文・パラグラフ・エッセイなど、言葉の単位の大きさは違っていても、共通することは「英語的捉え方」というエッセンスが根底に存在するという点です。

　本章では、こうした基本事項を習得した上でさらに英語らしい書き方にするため、英語的メタファーを実践的に活用することを薦めたいと思います。

1　メタファー英語

　メタファー（metaphor）とは「たとえ」の一種ですが、英語圏では特に強力な表現手法です。メタファー研究は西

洋世界の説得・弁論術において長い伝統と体系を持つ分野で、認知言語学では西洋人の思考パターンを理解する手がかりとして、近年、盛んに研究されるようになりました。本書はそうした専門的内容に深入りせず、本書のテーマである**「グローバル化した英語発想で書く」**という一点から、実際に役立つ点に的を絞って論じて行きます。また、本書では厳密な定義は措いて、「たとえ」一般をメタファーと呼ぶことにします。

　メタファー（狭義）とは、たとえば「愛は炎（Love is a flame）」「人生は旅（Life is a journey）」「男はオオカミ（Man is a wolf）」のように「まるで」「あたかも」「〜のようだ」といった類の「たとえ言葉」が表現されないたとえ方のことで、英語でも as if, like, as 〜 as のような言葉を用いないたとえ方のことです。メタファーは言語一般の性質ですので、英語に独自のことではありませんし、奇抜なレトリックや新奇な文体といった大袈裟なことでもありません。すでに知っている表現や構文をちょっと工夫するだけで、本当に伝えたい自分なりの世界を生き生きした筆致で書ける手段ということです。

（a）**a cup of happiness**（ワンカップ大関）

　酒造メーカーの「大関」はワンカップ大関というカップ

サイズの清酒を売り出すとき a cup of happiness（一カップの幸せ）と表現しました。英語で a cup of 〜と来れば coffee や tea がすぐ出てきますが、a cup of tea は当たり前の慣用表現となり、誰の目にもとまりません。ところが、Enjoy a cup of happiness! などとちょっと工夫するだけでしゃれた英語になります。

　当たり前の言い方をしない、「**慣用を破る**」工夫が英語を書く上でたいへん効果的になるわけです。破り方が上手にできると創造的な英語表現になり、メタファーは慣用の上手な破り方を教えてくれる手段だということです。

　たとえば、take care of 〜は「〜の世話をする」だけではなく、take care of money（お金の管理）や take care of your future（将来設計）のようにも応用できます。SVOO と言えば、Mary gave me a present みたいな常套表現が頭に浮かびやすいのですが、同じ give でもメタファーに挑戦する気持ちで My friend gave me energy（友達に会って元気が出た）、The movie gave me courage（映画を見て勇気がわいた）、Her lecture gave me interest to music（彼女の講義を聞いて音楽に興味をもった）と表現できれば自分なりの新しい表現となります。英語を**創造的に活用**する「思い切り」を持つためにはメタファーに関心を持つことです。

(b) **英語俳句**

　メタファーは日常の生活に溢れています。いいものを作ろうと構える必要などありません。あるとき我が家の次男（8歳）が「おとうさん。目に心臓あるの？」と聞いてきました。「えっ。どうしたの？」と聞き返すと「眼がドクドクしてる」と言うのです。眼精疲労か何かで眼球が脈打つ感じのすることがあるものです。次男はメタファーを使おうとして言ったのではもちろんありませんし、そのまま感じたことを言葉にしただけです。でも、これほど分かりやすい、直接的な表現はないのではないでしょうか。感じたままの言葉が、ときに、創造への扉を開けてくれるものです。

　子ども感性のメタファーの一例として、フィリピンの小学生が作った英語俳句を紹介しましょう。

A single cocoon

A lonely self-made prison

for renewing life

繭ひとつ

自力で仕上げたさみしい牢屋

生まれ変わるために

cocoon（コクーン）とは繭(まゆ)のことです。さなぎを保護する膜を見て思いついたのでしょう。作者の小学生は「繭は牢屋（prison）みたいだけど、生まれ変わろうとしてるんだ」と捉えました。「再生」は人生の大きな課題ですが、繭を見てそうしたことを感じ取った子どもの感性が言葉の創造へと向かいました。cocoon, prison と [n] 音で、脚韻まで踏んでいるところが心憎いところです。[l] のリフレイン single, lonely, self, life も繭の柔らかさを連想させます。この俳句のメタファーは cocoon を prison と見立てたところにあります。子どものメタファーから学ぶべきことは、言葉の慣習に囚われ過ぎずに、自分の想像の羽を伸ばすことではないでしょうか。言葉の力を信じて気持ちを託す勇気もときに必要ではないかと思うのです。

2　メタファーを取り込む

（a）捉え方と「好まれる」メタファー

　ある研究によると、人生をどのようにたとえるかをアメリカ人とハンガリー人20人に調査した結果、次のような順位が分かりました。（＞の左側が好まれるたとえ）

好まれるメタファー

アメリカ人：大切な所有物＞ゲーム＞旅＞入れ物＞ギャンブル＞妥協＞実験＞テスト＞戦争＞遊び

ハンガリー人：闘争／戦争＞妥協＞旅＞贈り物＞可能性＞パズル＞迷路＞ゲーム＞自由＞挑戦

人生は、アメリカ人にとっては宝物のような「所有物」、ハンガリー人にとっては「戦い」と捉えられています。こうした捉え方は単語の結びつきに映し出されます。たとえば、アメリカ人にとっての人生は「所有物」ですから、他人にプレゼントしたり（授与構文 I'm happy to {present/ give} my life to you）、失くしたり（He lost his life）、大切にしたり（precious life）、つまらなかったり（commonplace life）、隠したり（secret life）できる物でもあります。こうした単語の結びつきは、一般にコロケーション（連語）や記憶すべきイディオムとして片づけられますが、人生を「所有物」に置き換える「捉え方」に由来します。また、英語圏の「フレーム」と見なせることはこれまでの話からお分かりいただけると思います。

ハンガリーでは、人生は「闘ったり」「勝ちとったり」「敗北したり」する対象となるので、その種の意味の動詞とコロケーションを作ることでしょう。多くの日本人にとっては、人生は「旅」「（川の）流れ」「夢」のようなも

のですから、「山あり谷ありの人生（旅）」「人生の船出、旅立ち（旅）」「穏やかに流れる人生（川）」「人生は夢幻（ゆめまぼろし）」のようなメタファーが生まれます。

　たとえ方は正誤の判定がつくような問題ではありませんが、文化圏ごとに通じやすいたとえがあり、**好まれるメタファー**が母語の香りを運ぶ大きな要因となっています。

（b）**英語が好むメタファー**

　捉え方はメタファーと密接につながっています。何をどのような表現でたとえるか、つまりメタファーは、あるもの、ある事態をどのように捉えたかを表わすからです。ですから、メタファーを征服することは、その言語を母語とする人たちの捉え方を手に入れることに大きく近づきます。

　人生を所有物と捉えるアメリカ人は、その他、生活のさまざまな経験を彼らの好むメタファーを使って捉えています。その中には、日本人の感性と共通したものもあれば、相当違っているものもあります。この節では、英語（特にアメリカ人）が好むメタファーを紹介して、彼らの捉えた世界を実感しておきましょう。

　「時は金なり（Time is money）」は日本でもおなじみのメタファーで、英語好みのメタファーの一つです。ことわ

ざとして覚えている人も多いでしょう。でも、このことわざを単発的で一過的な言い回しとして記憶するのではなく、英語的捉え方の出発点として見直せば、応用範囲が驚くほど広がり、英語を使うことが楽しくなります。「お金」は貯めたり、節約したり、浪費したり、ときにムダにしたり、貸し借りもできます。そうした使い方が「時間」についてもできるわけで、これは日本語でも同じです。そのまま英語にしても立派な表現として通用します。たとえば、Don't *waste* your time. You should *save* your time. I have no time to *spare* for that. *Use* your time efficiently. I *lost* a lot of time when I got sick. *Put aside* some time for discussion.（議論する時間をとっておいてよ）などはすべて、「時間＝お金」のメタファーから出てきた表現です。

　他方、日本人にはなじみが薄いですが、英語好みのメタファーもあります。「導管メタファー（conduit metaphor）」と呼ばれるメタファーは、ある考えを、管を通して相手に送るメタファーです。たとえば、It's very easy to get my idea across to him.（考えを彼に通じさせるのは簡単だ〈分からせる〉）、I think it is difficult to put my idea into words（考えを言葉の中に入れるのは難しそう〈言葉に表わす〉）、Try to pack more thought into the project（考えを計画に詰め込め〈考えを盛り込みなさい〉）のような表現です。get across や put into, pack into など

は、多くの日本人が慣用句・イディオムとして暗記しているものですが、実は、すべて英語的捉え方「ある考えを、管を通して送る」メタファーです。英語圏の人が好むメタファーで、このメタファーの成り立ちを理解しておけば実践に応用できます。基本パターンは簡単で、「考え（idea, reason, plan, vision, image, opinion, sense, feeling）」をモノと見なして、それを管状の筒に入れて（get, put, pack）、相手に送り込む（across, into, through）ということです。

　導管メタファーを使えば、とても英語っぽい表現になります。記憶の負担は少なく、しかも語彙力は不要です。中・高の語彙（get, put, pack, use, carry, across, into, through）さえあれば十分なのです。ポイントは英語好みのメタファーが存在すること、そして、その「成り立ち」を理解しておくことにあります。記憶中心の学習では英文解釈はできても、会話やエッセイ創作などの創造的活動は困難です。結局、認知言語学が説く「英語的」捉え方に慣れ、それを自分なりに応用してみる、そうした活動を通して、はじめて英語という外国語を自分のものとすることができるのではないでしょうか。そのときは異文化理解という宝物もいっしょです。

(c) 学生エッセイ

では実際に学生の書いたエッセイをもとに、メタファーを取り込むことによってどのように改善されるか、実例を検討してみましょう。次のエッセイは大学1回生が書いたLet's laugh everyday（毎日笑いましょう）と題する1パラグラフです（文法ミスは訂正していません）。英語的ガイドラインを学習した後、実践練習として書いてもらったものです。

サンプル (13 a) 原文

Laughing is very important for our life. I like laughing and one's smiling faces. Laughing has three good things. First, when we laugh, we can become happy at the same time. Second, it can get rid of our stresses. Medical evidences make clear that laughing is good for our health. Third, if someone laughs, he/she becomes a smiling face. Then, other people who saw his/her smiling face, would laugh too. Laugh brings other people's laugh and happiness. So, I laugh everyday as I as possible. And I want my family, my friends, and many people to laugh everyday, too.

サンプル (13 b) 修正版

Laughter is very important for our life. It has the following three powers. First, laughter brings us feelings of happiness. It is no wonder that laughter comes from these feelings, but it is also quite interesting to see that laughter is a '*source*' of happiness. Second, laughter can get rid of our stress. As medical research has shown, laughter is good for our health by improving blood circulation. Thus, the old proverb "***Laughter is the best medicine***" still ***survives*** to the modern age. Third, laughter ***spreads*** to others. If someone laughs, people around him/her start to laugh and feel happy. That is, laughter ***spreads like a wave***, carrying the feelings of happiness throughout people around it. Spending a day ***full of*** laughter, I'm sure, leads to a happy life ***filled with*** contentment. Let's laugh!

笑いは人生にとって大変重要なものです。それは次の三つの力を持ちます。第一に、笑いは幸福感をもたらします。幸福感から笑いが生まれるのは不思議ではありませんが、笑いが幸福を生み出す「もと」だと考えてみるのもたいへん興味深いことです。第二に、笑いはストレスを取り除きます。医学研究の示すところでは、笑いは血流を促進することで健康に良いと言うことです。たとえば、古いことわざ「笑いは最良の薬」が現代にまで生き延びているように。第三に、笑いは伝染するという点です。誰かが笑えば、周りの人たちも笑い、幸福に感じます。つまり、笑いは波のように伝わり、周りの人たちに幸福感を運ぶということです。

笑いに満ちた日を過ごすことは、満足感に満たされた幸せな人生を送ることだと、私は確信しています。さぁ、笑いましょう。

（13a）は、笑いには三つの効用があることを述べたものです。一つは、笑いは幸福感をもたらすこと、一つは、ストレスを取り除き健康によいこと、そして、伝染して他人をも幸福にすること、です。冒頭の一文が主題文、効用を述べた三つの支持文が続き、最後の一文がまとめ文です。【英語的な書き方—ガイドライン】に沿って書かれていますので、総じて、言いたいことが「一直線」に提示され、最後の二文を除けば書き手の自分をソトに出して書けています。ズバッとした展開で、すっきりと内容が伝わってきます。

最大の問題は、アピールしない点にあります。メタファーを活用してみましょう。（13a）にはメタファーがありません。文意は分かりますが、平坦な表現が続いて味が薄くなっています。たとえば、「人の笑い顔を見ると自分も笑う」「笑いは人をも笑顔にし、幸福にします」（Then, other people who saw his/her smiling face, would laugh too. Laugh brings other people's laugh and happiness）は、まどろこしい表現でメリハリがありません。そこで、文意を損なわない程度にメタファーを加味してみます。

後半部に注目してください。この部分は、笑いは健康に

良いと言いたいわけですから、ことわざ「笑いは最良の薬(Laughter is the best medicine)」を付け加えました。古いことわざですが、現代にまで「生き残って(survive)」います。次に、「人の笑い顔を見ると自分も笑う」は「笑いが伝染する(laughter spreads to others)」と言い換えます。続く文でメタファー(正確にはシミリ)を用い「波のように伝わる(spread *like* a wave)」としてみました。この文に分詞(carrying)と不変化詞(throughout, around)を加え、「幸せを運ぶ(carrying the feelings of happiness throughout people around it)」と表現しました。続く「笑いがいっぱいの日」のところは full of でつなぎ、spending a day full of laughter が分かりやすいでしょう。「満足感に満たされた毎日」は a life filled with contentment とし、全体に「つなぎ語」thus, that is を加えました。

「伝染する」は infectious がピッタリですが、難しく考えないで、また辞書に飛びつかないで、簡単に laughter spreads to others としておきます。spread の代わりに travel でもかまいません。要は、日本語に多用される漢語のいかめしさに惑わされず、中学、高校で学んだ基本英単語を工夫して使うと、やわらかいメタファー表現が生まれるということです。「笑い」を laughter に修正したのは、サンプル(13a)の言う「笑い」は、「笑い」というもの一般についての効用や性質を述べた文章だからで、名詞の

laughにすれば数えられる一回ごとの「笑い」、laughingであれば動作に焦点が置かれてしまうからです。

　文中のsourceに引用符を付けたのは、常識とは違う観点を示したいからです。一般に、嬉しい時に笑うのは当たり前ですが、笑ってみると嬉しくなるというのは作者の発見です。そうした意外な観点を引用符で強調すれば表現にメリハリがつきます。ここでのsourceもある種のメタファーです。

　「笑い」に関連するさまざまな日本語表現を思い浮かべ、メタファーを意識して思い切りよく、やさしい英語に置き換え、英語感覚の語法（分詞、不変化詞）も活用します。これだけでも表現の幅がずいぶんふくらみます。書きながら「こんな言い方するかな」と気にはなりますが、伝えたい気持ちを中心に書き進むことが肝要です。

まとめにかえて

　さまざまなことを述べてきましたが、本書の考え方では、英語で文章を書くときには、ある程度、英語的思考に入り込むことが良いという考え方になります。言語は結果でもありますが、創造の原因でもあります。ものの見方や考えの進め方に影響を与えるからです。ですから、ある言語に習熟することは、その言語を使って、母語には無かったものの見方や考えの進め方を手に入れることにもなるわけです。これが本書の根底にある言語観です。

　この言語観から言えば、英語が世界を席巻している現状は、英語的捉え方が世界を席巻していることになります。そのことを十分に承知した上で、英語的捉え方の中身を具体的に提言し、説明し、実践に応用することを説きました。

　国連の公用語や世界の主要語などが現に存在する限り、それらの言語が運ぶ捉え方に馴染まざるを得ませんし、現実的な考え方とも言えるでしょう。今は英語かも知れませんが、将来は分かりません。地球規模で、できるだけ多くの人たちが誤解なく分かりあえる表現手段として、英語に

代わり得る言語が現れる可能性も否定できないからです。

こうした現状の中で、母語以外の言語で書くということがもたらす恩恵は測り知れません。自分の考えを伝え、相互に理解しあえ、親しくなれる、といった外面的なことにとどまりません。本書の言語観から言えば、書くことによって異国の人たちのものの見方や考えの進め方を知ることができ、しかもそれを自分のものとすることができるからです。母語との葛藤を通じて成し遂げられるこの営みは、少し大袈裟になりますが、人間についての知見を広げてくれる営みです。本文で述べましたように、冠詞一つでも捉え方に大きな違いをもたらすわけですから。

そうした点で、今後、専門家のみならず、一般の人たちにとっても**表現の可能性**を探っていくことが大きな課題となるでしょう。それは、単に現在普及した人気のある外国語をそのまま丸ごと受け入れ、忠実に習得することが得策だといった現実的で短期的な意味あいではなく、今後、地球規模で人間がより良くコミュニケートするために、どのような言語を創造すれば良いかという意味においてです。本書は後者の視点に立って、英語という一つの有力な言語の思考法に歩み寄った書き方を提案したことになります。

最後に、新しい共通語の創造という視点から、日本語を目標言語として書かれた一節を紹介して終わりたく思います。それは中国出身の芥川賞作家、楊逸氏の『時が滲む

朝』からの一節です。

…湖畔に着いたときには東の空が既に魚の腹のように白くなって、何人かの学生たちが本を読んでいた。

(『時が滲む朝』p.20)

　名門大学に入学した主人公たちが、大学構内の一角で、明け方近くまで時間を忘れて読書に夢中になっている学生たちを目の当たりにし、驚愕と戸惑いを覚える場面です。一読して違和感と、異国の香りが立ち昇る表現です。

　どこの文化圏にも好みの捉え方と表現があります。母語の好みを外国語に当てはめると、それを母語とする人にとっては違和感のある表現になります。たとえば、夜明けがた東の空が白んできますが、その光景を「魚の腹」にたとえています。新鮮なメタファーですが、日本語の捉え方では何かの「白さ」を「魚の腹」でたとえるメタファーがないので違和感を覚えます。連想のフレームが違っているわけです。多くの日本人が魚と聞いて連想するのは、おそらく、まな板の上の食材でしょうから。

　もう一つの違和感は「魚の腹のように白くなって、何人かの学生たちが本を読んでいた」のところです。もちろん「東の空が白くなって」ということですが、その直後の「学生たちが本を読んでいた」という一文との接続が気に

なります。つまり、「空が白くなった」情景と「学生たちが本を読んでいた」光景とが「〜なって」でつながれているところに違和感を覚えるのです。

　日本語の捉え方で「〜なって」は、たとえば「とっぷりと日も暮れる時間と<u>なって</u>、帰宅を急ぐ学生たちの足取りも速くなった」のように、前半の内容と後半の内容を軽く順接の関係で結ぶのが一般的です。「日が暮れてきた」から「家路を急ぐ」という因果的な順接です。その感覚で上記の文を読むと、東の空が白くなって、そのことでなぜ学生たちが読書をしなければならないのか、一瞬ですが、二つの文の間に因果の関係を読み取ろうとしてしまいます。が、その答えはありませんので、置いてきぼりを喰らったような気がします。むしろ「東の空が魚の腹のように白みかけている<u>のに</u>、まだ学生たちは本を読み続けている」「東の空が魚の腹のように白く<u>なっても</u>、まだ学生たちが本を読み耽っている」と軽く逆接でつないだ方が文意の通りが良くなるように思われます。

　ところが、さらに考えてみますと、日本語の「〜なって」には「コーヒーが冷たくなって、沈黙が広がる」のように、独立した単文を点景のように並置し、二つの文がコントラストを成す用法もあります。言い換えれば、二文をand あるいは while の感覚でつなぎながら、一方でそのつながりを拒んだような、その「間」の解釈を読み手の想像

に任せるような語感です。先ほどの一節は、直感的には日本語の慣用から逸脱した中国語風日本語に響きますが、しばらく口ずさんでいると、いかにもエキゾチックで詩的な日本語に感じられてきます。「～なって」の解釈が最初はbecauseであったのがbutではないかと疑い、最後はand（あるいはwhile）が良いのでは、と思えてきます。本来は母語干渉による「～テ形」の誤用かも知れませんが、外国人の書いた日本語が、日本語である母語を振り返らせ、言葉の**慣用性**と**創造性**について何かを教えてくれているように感じます。

　表現の可能性の問題は、母語話者でない人の書く文章に特徴的に現れるようです。最後になりましたが、本書の主題である英語的捉え方との格闘を通して、読者のみなさんは英語の本質を知るばかりではなく、新しい感覚の英語を創造する力を持ち、表現の可能性を拓かれることを期待します。

[付録]

People First

Rethinking how we think of disabilities.

Every generation, someone somewhere is fighting the government about civil or human rights. About two generations ago, African Americans were pursuing civil rights, and the last generation focused considerably on the rights of homosexuals. For my generation, the focus is largely on civil rights for individuals with disabilities.

People with disabilities are often mistakenly viewed as unintelligent, lacking ability, and unable to make their own choices. They are many times excluded in their schools and communities, forcing them into a life of reclusion. Because exclusion reinforces the idea that those with disabilities should be kept away from "normal" people, the "normal" people often talk down to them and judge them by their appearance and what they can't do, as opposed to what they can do. Many "normal" people just avoid people with disabilities in general. The best way to fix this would be to better assimilate those with disabilities into schools and communities.

One way we can address this problem of exclusion is by reforming our language. Advocates for the disabled call this "people-first language," which is simply respectful language.

The technique is all about putting the person before his or her disability. For example, instead of saying someone is mentally ill, it would be better to say that the person has a mental health condition. Using this language is less likely to make the person with a disability uncomfortable, and it will help you, and those around you, to see the person for who they really are.

For those my age, a great way to help assimilate people with disabilities is to be active in a school's Partners' Club, which helps kids with and without disabilities interact at social and community service events. My school, Flowery Branch High, started its Partners' Club three years ago. It is currently the largest club at the school. Kids in the club go to movies together, have parties, and even, in some cases, go to prom together. It has successfully served its purpose by assimilating kids with disabilities into the mainstream student body. The Partners' Club extends outside of school through community service. An example of this is when I had the opportunity to volunteer for Disability Day at the Capitol. I worked side by side with individuals who have disabilities and saw hundreds gathered to speak with legislators, all working for the common goal of achieving better conditions for the disability community. It was truly inspiring.

In many communities, people with disabilities cannot get around very well because of inadequate accommodations, and that is the reason for their reclusion. We can help them by building wheelchair ramps and other such tools that make public spaces more accessible.

People with disabilities are often barred from sports. We can remove that barrier by asking kids who are disabled to play sports with us, if their disabilities allow. Many sports can be modified to let those with disabilities participate. Three sports that come to mind are wheelchair basketball, wheelchair fencing, and Beep Ball. Wheelchair basketball and fencing are pretty self-explanatory, but Beep Ball is not. Beep Ball is baseball for the blind. Teams of blind and nonblind kids play on the same team by using special equipment that lets players follow the game using sound instead of sight. A kid who is not blind pitches a ball that beeps to a kid who is blind (or blindfolded). The batter swings and then runs to a beeping base. Just as the Olympics allows many countries to come together and break down barriers through sports, kids with and without disabilities can come together and break down barriers through sports.

There are so many ways to include people with disabilities into our lives. But we don't do it. Some complain that it's too much effort. They are just being stubborn and ignorant. If they actually got to know someone with a disability, their opinions would change. If they were in a disabled person's shoes, they would want to be a part of society because, after all, people with disabilities are part of society too.

⟨http://www.atlantamagazine.com⟩
2009/11/30

参考文献

池上嘉彦 (2006) 『英語の感覚・日本語の感覚 −〈ことばの意味の仕組み〉』NHK ブックス

今井むつみ (2010) 『ことばと思考』岩波新書

最所フミ (1975)『英語と日本語 − 発想と表現の比較』研究社

トム・ガリー (2010) 『英語のあや − 言葉で学ぶとはどういうことか』研究社

ニスベット・リチャード E　村本由紀子訳 (2004)『木を見る西洋人　森を見る東洋人』ダイヤモンド社

日本通訳協会編 (2007)『英語通訳への道』大修館書店

野崎京子 (1988)「Stilted English − 日本人英語のスタイル」『現代英語教育』研究社　Vol.125, No.5

三浦順治　(2006)『ネイティブ並みの「英語の書き方」がわかる本』創拓社出版

綿貫　陽　マーク・ピーターセン (2006) 『表現のための実践ロイヤル英文法』旺文社

Edward T. Hall (1976)　*Beyond Culture*. New York: Anchor Books.

Hinds, John (1980) 'Japanese expository prose.' *Papers in Linguistics: International Journal of Human Communication* 13(1).

Kaplan, Robert, B. (1966) 'Cultural thought patterns in inter-cultural education.' *Language Learning: A Quarterly Journal of Applied Linguistics*. Vol.16

Kövecses, Zoltán (2005)　*Metaphor in Culture: Universality and Variation*. New York: Cambridge University Press.

Oshima, Alice and Ann Hogue. (2006) *Writing Academic English* (Fourth ed.) New York: Pearson Longman

Digital data:

"People First: Rethinking how we think of disabilities" Winner: 2008-2009 Atlanta Magazine High School Essay Contest 2009, Nov. 30 <http://www.atlantamagazine.com>

吉村公宏（よしむら・きみひろ）現在、奈良教育大学教授。一九五四年生まれ。神戸大学大学院文化学研究科博士課程単位取得。博士（文学）、Ph.D.(linguistics)。専門は認知言語学、英語学、日英対照研究。主な著書『認知意味論の方法―経験と動機の言語学』(人文書院)『はじめての認知言語学』(研究社)『認知音韻・形態論』(編著、シリーズ『認知言語学入門』第2巻、大修館書店) ほか。難しいことを単純化せずに平易に言うこと、が講義のモットーです。

英語世界の表現スタイル
―「捉え方」の視点から

2011年5月30日　第1刷発行

著者　　吉村公宏
発行者　　辻一三
発行所　　株式会社青灯社
東京都新宿区新宿1-4-13
郵便番号 160-0022
電話 03-5368-6923（編集）
　　 03-5368-6550（販売）
URL http://www.seitosha-p.co.jp
振替 00120-8-260856

印刷・製本　株式会社シナノ
© Kimihiro Yoshimura 2011
Printed in Japan
ISBN978-4-86228-051-0 C1082

小社ロゴは、田中恭吉「ろうそく」（和歌山県立近代美術館所蔵）をもとに、菊地信義氏が作成

●青灯社の英語の本

英単語イメージハンドブック

大西泰斗(東洋学園大学教授)

1冊ですべてが分かる集大成。基本語彙の意味や用法を暗記ではなく、感覚でとらえる。　　　　　　　　　　　　　　　定価1800円+税

英語力が飛躍するレッスン
～音読・暗写・多読のメソッド公開

今井康人(北海道函館中部高校教諭)

音読を中心に、多数の高校生で実証された本物の英語上達法。

定価1429円+税

第一歩からの英会話　旅行編／交友編

妻鳥千鶴子(アルカディアコミュニケーションズ主宰、近畿大学講師)

旅行編：海外旅行に必要な文型と単語を網羅。海外旅行が何倍も楽しくなる。
交友編：〈旅行編〉よりやや進んだ英会話入門。これで外国人と友達になれる。
旅行編、交友編2冊で英会話初級入門の決定版。　　　定価各1500円+税

語源で覚える英単語3600

藤井俊勝(東北大学大学院医学系研究科准教授)

接頭辞19種と語根200種の組み合わせで系統的に覚える、認知脳科学者の単語増強法。　　　　　　　　　　　　　　　　　定価1700円+税

英語のかけ込み寺 I 単語をうまく使う
～TOEIC400点台から900点へ　II 簡潔な文をつくる
　　　　　　　　　　　　　　III 国際英語の仲間入り

片野拓夫(英語のかけ込み寺主宰)

TOEIC800点台が続出。本気の英語学習者向け、カリスマ講師の全3冊決定版。

定価各2000円+税